Military Uniforms
Uniformes militaires

from the collection of the New Brunswick Museum

tirés des collections du Musée du Nouveau-Brunswick

by / par
David Ross
Director / Directeur

New Brunswick Museum
Musée du Nouveau-Brunswick

Lieutenant Frederick Hammond Hartt, 62nd Battalion of Infantry, c. 1875, wearing the uniform shown on p. 45. A contemporary photograph from the collection of the New Brunswick Museum.

Le lieutenant Frederick Hammond Hartt du 62nd Battalion of Infantry, c. 1875, portant l'uniforme qui figure à la p. 45. Une photographie d'époque tirée des collections du Musée du Nouveau-Brunswick.

Translation by / Traduction par
Léandre Goguen

Photography by / Photographie par
Don Simpson

Layout & Design by / Maquette et typographie par
Sheila Cotton

Published by The New Brunswick Museum, 277 Douglas Ave., Saint John, N.B., Canada
Edité par Le Musée du Nouveau-Brunswick, 277, avenue Douglas, Saint-Jean, N.-B., Canada
1980

Acknowledgements

The uniforms and the contemporary photographs are from the collections of the New Brunswick Museum.

Much of the credit for this publication should go to the board members and staff who over the past 80 years amassed the collection and to the donors who entrusted their possessions to the museum.

This publication was aided by a generous grant from the MacDonald Stewart Foundation and the support of its president, Col. David Stewart.

The expert assistance of the following is gratefully acknowledged: Mrs. Monica Robertson, Archivist of the N.B. Museum and her staff; Mr. Rene Chartrand, Chief, Military Section, Historic Sites Service, Parks Canada; Brigadier General J. L. Summers (ret'd.) CMM. MC. CD.; Mr. Boris Mollo; Mr. H. M. Garrett; Le Colonel Martel, Conservateur, Musée de l'Armée, Paris; M. Leandre Goguen, translator of the text, and in particular to Mr. W. Y. Carman.

Remerciments

Les uniformes et les photographies d'époques nous viennent des collections du Musée du Nouveau-Brunswick.

Le gros du mérite pour la parution de cette plaquette revient d'abord et à juste titre aux membres du bureau de direction et au personnel des 80 dernières années qui ont monté les collections et aux donateurs qui ont confié leurs précieuses possessions au musée.

Cet ouvrage a été rendu possible grâce à une généreuse subvention de la Fondation MacDonald-Stewart et de l'encouragement de son président, le Colonel David Stewart.

Nous désirons remercier vivement les personnes suivantes pour leur collaboration experte: Mme Monica Robertson, archiviste du Musée du Nouveau-Brunswick et son personnel; M. René Chartrand, chef du Service des sites historiques, section militaire, Parcs Canada; le Général de brigade à la retraite J. L. Summers CMM. MC. CD.; M. Boris Mollo; M. H. M. Garrett; le Colonel Martel, conservateur, Musée de l'Armée, Paris; M. Léandre Goguen, traducteur du texte; et en particulier M. W. Y. Carman.

ISBN 0-919326-06-4
Copyright© 1980 David Ross

ISBN 0-919326-06-4
Droit d'auteur 1980 David Ross

Pouch badge/*Insigne de giberne du 62nd Saint John Fusiliers, c. 1890*

Contents
Table des matières

Introduction

The purpose of this book is to provide students, collectors and the general reader with illustrations and information about military uniforms worn in Canada. The uniforms and photographs in this volume reflect the holdings of the New Brunswick Museum which exist as one of the more extensive collections of military costume in Canada.

Though the museum was founded in 1842, the first military artifact to be recorded in the accession books was not donated until 1896. The collection grew slowly until the 1930's, but in the last forty years a large and varied selection of uniforms has been accumulated, which effectively illustrates the development of military costume from 1796 to 1960. The museum has always concentrated on the uniforms of New Brunswick regiments together with those closely associated with the history of the province. The latter include, for example, Victorian era material of Her Majesty's 15th Regiment of Foot, stationed in Fredericton in the 1860's and uniforms of Major W. H. Odell, a member of the noted Loyalist family, who served in the Imperial Army in the 52nd Oxfordshire Light Infantry. A number of rather exotic items have found their way into the collection through their connection with natives of New Brunswick, such as the French Douanier Officer's uniform of 1809 and the Russian helmet brought back as a souvenir from the Crimean War of 1854.

New Brunswick has a long military tradition dating back to the eighteenth century struggle that was waged between France and England for control of this region. The first Militia Act was passed as early as 1787 although enthusiasm for military activity on a voluntary basis rose and fell over the years. In times of crisis the ranks were full, in the lulls between, units shrank and uniforms were often used as work clothes by the Rank and File; thus the uniforms of privates and non-commissioned officers, especially in the early days, are very scarce.

Officer's uniforms, particularly full dress, have survived in much larger quantities probably due to the fact that officers' uniforms were their own property, paid for out of their own pockets. Also, it is likely that an officer would not risk his social status by appearing in castoff military garments at work, an act which might also invite legal prosecution for misuse of Her Majesty's uniform.

Between 1795 when a Franco-American privateer "La Solide" raided the coast of New Brunswick and the Fenian scare of 1866, there was no serious military threat to the province, despite considerable naval activity in the Bay of Fundy during the War of 1812. But a number of units remained in being, thanks to the work of a handful of enthusiastic citizens, and undoubtedly regimental social activities made membership more attractive.

Whilst the great majority of those joining the Militia were motivated by a sincere desire to fulfill their duty to their community, there were added inducements. The regiment provided a social organization equivalent to a social club, in particular for the officers. Picnics, dances, receptions and shooting matches were a frequent occurrence and officer's, and sergeant's messes were often established. The militia units also provided an opportunity for citizens to mix with each other on different terms than in their normal social and commercial activities. It would obviously be an advantage for the ambitious bank clerk to shine as a private in the company commanded by his Bank Manager/Captain. The militia often took care of its own, for example, if a militiaman or officer worked for a firm which frowned upon his taking time off to attend camp for two weeks every summer, he frequently had the chance to transfer to a business owned by a militia officer.

The revival of interest in the Militia in the 1860's was due to several factors. Among them, the jingoism produced by the Crimean War, the dispatch of British regiments to the Crimea from

Button/*Bouton de la Militia Artillery, c. 1870*

Introduction

Le premier but de cet ouvrage est de fournir aux étudiants, aux collectionneurs et aux simples lecteurs les illustrations et l'information relatives aux uniformes militaires portés jadis au Canada. Les uniformes et les photographies que l'on retrouve dans cet ouvrage nous donnent un bel exemple de l'étendue des collections du Musée du Nouveau-Brunswick dans le domaine. C'est assurément l'une des plus importantes collections de costumes militaires au Canada.

Bien que le musée ait été fondé en 1842, le premier objet se rapportant au domaine militaire à nous être confié et à être inscrit dans nos régistres ne date que de 1896. De là, et jusque dans les années 1930, la collection ne s'accrût que très lentement; mais depuis les quarante dernières années, on a pu accumuler une très grande variété d'uniformes qui illustrent très bien le développement des costumes militaires de 1796 à 1960. Depuis toujours, le musée a concentré ses efforts à la collection d'uniformes des régiments du Nouveau-Brunswick et de ceux qui ont été étroitement associés à l'histoire de la province. De ces derniers nous viennent, par exemple, des costumes de l'ère Victorienne comme ceux du 15th Regiment of Foot de Sa Majesté cantonné à Fréricton dans les années 1860, et des uniformes du Commandant W. H. Odell, membre d'une illustre famille loyaliste, qui fit son service militaire dans l'Armée Impériale d'Angleterre, soit dans le 52nd Oxfordshire Light Infantry. Un certain nombre d'objets exotiques ont réussi à s'introduire dans la collection par l'entremise de citoyens du Nouveau-Brunswick. Parmi ceux-ci, se trouvent l'uniforme d'un officier des Douanes Impériales françaises datant de 1809 et un casque militaire russe apporté chez-soi comme souvenir de la guerre de Crimée de 1854.

Le Nouveau-Brunswick a une longue tradition militaire remontant aux combats qui eurent lieu pour le contrôle de cette région entre la France et l'Angleterre du dix-huitième siècle. La première ''Loi sur la milice'' fut votée dès 1787 bien que l'enthousiasme pour l'activité militaire sur une base volontaire s'est accrû et a diminué au cours des âges. En temps de crise la troupe était au complet, dans les moments d'accalmie, les effectifs diminuaient et les hommes de troupe se servaient souvent des uniformes comme vêtements de travail. C'est la raison pour laquelle les uniformes des simples soldats et des sous-officiers de la première époque sont si rares.

Les uniformes d'officiers, en particulier ceux de cérémonie, ont survécu en plus grand nombre, probablement à cause du fait que les uniformes d'officiers leur appartenaient en propre, ayant été payés de leur poche. Il est d'ailleurs peu probable qu'un officier aurait risqué son statut social en étant vu à l'ouvrage dans une défroque militaire, un acte qui aurait pu entraîner des poursuites judicières pour mauvais usage d'un uniforme de Sa Majesté.

Entre 1795, quand un corsaire franco-américain ''La Solide'' effectua des raids le long du littoral du Nouveau-Brunswick, et 1866, au temps des troubles Féniens, il n'y eut aucune menace militaire sérieuse dans la province, et ceci, en dépit des activités navales considérables dans la baie de Fundy pendant la guerre de 1812. Mais un certain nombre d'unités continuèrent quant même d'exister grâce au travail d'un petit nombre de citoyens enthousiastes. Sans doute que les activités sociales des régiments rendaient l'adhésion à ceux-ci plus attrayante.

Bien que la grande majorité de ceux qui s'enrôlaient dans la milice étaient motivés par un désir sincère de remplir leurs responsabilités envers la communauté, il existait des raisons additionnelles de le faire. Le régiment assurait, spécialement aux officiers, une organisation sociale équivalente à un club social. On y organisait souvent des pique-niques, des danses, des réceptions et des concours de tir, alors que des mess pour officiers ou pour sergents y étaient créés. L'unité de milice donnait également aux citoyens l'occasion de se fréquenter dans des conditions différentes de celles vécues dans leurs activités sociales et commerciales ordinaires. Il était évidemment avantageux pour un commis de banque ambitieux d'exceller comme simple soldat dans la compagnie commandée par son gérant de banque/capitaine. De plus, la milice protégeait les siens en cas de besoin. Par exemple, si un homme de troupe ou un officier travaillait pour une compagnie qui fronçait les sourcils à l'idée de le voir s'absenter pour deux semaines

Button/*Bouton de la Charlotte County Militia, c. 1845*

5

Canada, the Fenian troubles, and the deterioration of British relations with the Northern States due mainly to the "Trent" Affair, and the depredations of "Alabama" which was seen at the time to indicate the possibility of American invasion by the large and battle hardened Northern Armies. A minor by-product of this revival was a very practical uniform for the Saint John Volunteer Battalion, which appears to be unique to New Brunswick. But like so many efforts to induce soldiers to wear a sensible, practical uniform, it was soon superceeded by the tight fitting and much more elaborate uniform of the 62nd Battalion of Infantry in 1872.

It is often overlooked that a standing army of any size is a very recent development in Canada. Our defences were manned by the British Army, augmented by volunteer militia until the late 1860's. After Confederation a very small Permanent Force came into being, supported again by the volunteer militia. The huge expansion of the Canadian forces in the 1914-18 War resulted in an equally swift shrinkage after the Armistice and the defence forces were the prime target of government cost cutting until 1939. From 1867 to 1939 the volunteer militia was the backbone, and at times an effective one, of Canada's defence.

The volunteer militia was seen by many as a perfectly adequate answer to any military threat to Canada's security, protected as she was by the ocean barriers. But the memories of the American invasion during the War of 1812 died hard with some & others believed that the cause of Imperial unity required Canadian military support of the Mother Country. Thus the militia always had a considerable & influential body of opinion behind it.

After 1945, Canada found itself in a changed world where a permanent and sizeable armed force was a political more than a military necessity. NATO, fisheries protection, rescue operations and above all peacekeeping operations provided an essential role, and for better or worse Canada now has a permanent army in place of the 18th and 19th century citizen militia.

It is naive indeed for any serious observer to argue that war is not a frequent, and sometimes popular human occupation, with the consequent high status conferred on the wearers of uniforms. This is not to suggest that people are inherently warlike or dream of military "glory". The soldier, both amateur and professional, as well as the civilian, is well aware of the horror, waste and devastation of war. But whilst the soldier will erase the horrors from memory, he will often recall all his life the comradeship and selflessness engendered on active service. It is in the context of these memories that the value placed on belonging to a regiment and wearing its uniform must be studied.

Today when uniforms are simple and utilitarian, the elaborate uniforms of the past sometimes must seem to be merely an elaborate version of fancy dress. But this is to judge the history of the era before 1914 out of context. It was a more formal time, outward signs of position and status were accepted and prized. The uniform which signified membership of a militia unit showed that one belonged to a group which society regarded with some respect and which had a definite function in the structure of that society. For a detailed picture of the Militia and its political and social role before 1914, readers should consult Desmond Morton's *Ministers & Generals — Politics and the Canadian Militia* and *The Canadian General, the life of Sir William Otter*. The latter gives an interesting picture of the militia as a ladder of social and economic as well as professional advancement.

Though there has been little research done on the subject, it appears that militia officers were mainly drawn from the upper social and economic segment of the community. This was probably

Button/*Bouton du 1st Battalion York County (N.B.) Militia, c. 1840*

l'été dans le but de prendre part au camp d'entraînement, l'occasion lui était fréquemment offerte de transférer à une entreprise appartenant à un officier de la milice.

Dans les années 1860, le renouveau d'intérêt pour la milice découlait de plusieurs facteurs. Parmi ceux-ci, il faut placer: le chauvinisme — fruit de la guerre de Crimée; l'envoi en Crimée de régiments britanniques stationnés au Canada; les troubles Féniens; et finalement la détérioration des relations entre la Grande-Bretagne et les Etats du Nord, détérioration découlant en bonne partie de l'affaire de Trent et des déprédations de ''l'Alabama'' alors perçues comme signes de la possibilité d'une invasion américaine par les grandes armées du Nord rompues à la bataille. Un sous-produit de ce renouveau d'intérêt fut l'uniforme très fonctionnel du Saint John Volunteer Battalion, un uniforme qui paraît n'avoir été porté qu'au Nouveau-Brunswick. Mais comme dans bien d'autres efforts pour encourager les soldats à porter un uniforme plus commode et plus pratique, cet uniforme fut vite supplanté en 1872 par l'uniforme bien ajusté et beaucoup plus recherché du 2nd Battalion of Infantry.

On oublie souvent que la mise sur pieds d'une armée permanente de quelque importance est un fait très récent au Canada. Jusqu'à la fin des années 1860, notre défense était assumée par l'armée britannique appuyée par les milices de volontaires. Après la Confédération, une très petite armée permanente vit le jour, appuyée à nouveau par les milices de volontaires. L'énorme expansion des forces canadiennes durant la guerre 1914-1918 fut suivie d'une diminution aussi rapide des effectifs après l'armistice alors que les forces armées furent la cible principale des réductions budgétaires du gouvernement jusqu'en 1939. De 1867 à 1939, les milices de volontaires furent le point d'appui — et parfois un point d'appui très efficace — de la défense du Canada.

Plusieurs voyaient dans les milices de volontaires une réponse parfaitement adéquate à toute menace militaire pour la sécurité du Canada, étant donné que le pays était alors protégé par les barrières naturelles des océans. Mais le souvenir de l'invasion américaine durant la guerre de 1812 était encore très vivace dans l'esprit de certains, tandis que d'autres croyaient que la cause de l'unité de l'Empire exigeait que le Canada offre son soutien militaire à la Mère patrie. C'est ainsi que les milices furent toujours soutenues par une opinion publique influente et nombreuse. Après 1945, le Canada se trouva dans un monde nouveau, là où une force armée permanente d'une certaine importance était une nécessité politique plutôt que militaire. L'O.T.A.N., le service de protection des pêcheries, les opérations de sauvetage et surtout le rôle de ''gardien de la paix'' furent les principaux objectifs de l'armée, et pour le mieux ou pour le pire, le Canada a maintenant une armée permanente à la place des milices de citoyens du XVIIIe et du XIXe siècles.

Il est certainement naïf pour un observateur sérieux de prétendre que la guerre n'est pas une occupation humaine fréquente et même parfois populaire, ayant comme conséquence la condition sociale élevée conférée au porteur d'uniforme. On ne veut pas ainsi insinuer que les gens sont naturellement belliqueux ou qu'ils rêvent constamment de gloire militaire. Le soldat, aussi bien amateur que professionnel — comme le simple citoyen d'ailleurs — est bien conscient de l'horreur, du gaspillage et de la dévastation de la guerre. Mais tandis que le soldat oubliera volontiers les horreurs de guerre, il se rappelera souvent toute sa vie la camaraderie et le désintéressement vécus en campagne. C'est dans le contexte de ces souvenirs que la valeur rattachée à l'appartenance à un régiment et au port de son uniforme doit être étudiée.

Aujourd'hui que les uniformes sont simples et fonctionnels, les uniformes de style plus recherché du passé peuvent parfois sembler à certains comme une simple version travaillée de travesti. Mais ce serait juger l'histoire de la période d'avant 1914 hors de contexte. C'était une période où l'on attachait plus d'importance qu'aujourd'hui aux formalités, où les signes extérieurs d'une position ou d'un rang étaient acceptés et estimés. Rappelons-nous donc que l'uniforme, signe de l'appartenance à une milice, témoignait aussi de l'appartenance à un groupe que la société considérait avec respect et qui occupait une fonction bien définie dans la structure sociale. Pour avoir une meilleure idée de la milice et de son rôle politique et social avant 1914, les lecteurs auraient avantage à consulter ''Ministers & Generals — Politics and the Canadian Militia'' et ''The Canadian General, the life of Sir William Otter'' de

Button/*Bouton de la Westmorland County (N.B.) Militia, c. 1865*

due to a mixture of family tradition, peer group pressure and a desire to support law and order in the community. In addition, the cost of the elaborate uniforms and subscriptions to regimental funds were considerable. It is a measure of the importance which officers attached to their militia activities that most of the uniforms were ordered from London military tailors, according to the strict patterns laid down for the Imperial Army.

Museums and historians on the whole have neglected military uniforms as illustrations of aspects of the social structure of their communities. A man's frock coat will be carefully preserved, but his military uniform discarded. In doing so, museums are probably only reflecting the attitudes of their communities, whose revulsion against the horror and destruction of two world wars and the intense anti-militaristic climate of the 1960's produced a desire to blot out all reminders of war.

It is the duty of the historian and the curator, however, to examine and preserve all the evidence of his country's history. In Canada, a country which has not suffered a major invasion of its soil since 1812, a voluntary military force has been in existence for over 200 years. The study of why citizens spent time, effort and money on their militia activities could be a fruitful field of study for the social historian, and the uniforms themselves are a primary source of information. There are indications that the attitudes of curators & historians are slowly changing, in part, as the result of increased interest in material culture studies & in local & regional history. Hopefully, this book, with its record of the military costume of the past, will make a small contribution to this revival.

David Ross

Notes on the text

The text of this book is printed in both English & French for two reasons. Firstly, because these are the two official languages of Canada and New Brunswick is an officially bilingual province. Secondly, because it is hoped that this will help to provide some additional knowledge of Canadian & British uniforms to readers in French speaking countries abroad.

Considerable difficulty has been encountered in translating English military uniform terms into French. The English terms are often idiomatic and in some senses almost a tribal patois with no exact French equivalent. The writer & the translator hope that French speaking readers will bear with any inconsistencies in the translation, and would welcome any comment which would lead to more correct usage.

Officer's button/*Bouton d'officier du 104th (New Brunswick) Regiment of Foot, c. 1812*

Desmond Morton. Ce dernier volume peint un intéressant portrait de la milice en tant que moyen d'avancement social, économique et même professionnel.

Bien qu'il n'y ait eu que peu de recherches effectuées sur le sujet, il semble bien que les officiers de la milice provenaient principalement du plus haut échelon social et économique de la communauté. Ceci était probablement dû à un certain ensemble de traditions familiales, de pression des pairs et d'un désir de soutenir ''l'ordre publique'' dans la communauté. De plus, le coût des uniformes plus recherchés et les souscriptions aux fonds du régiment étaient considérables. Le fait que la plupart des uniformes étaient commandés chez des tailleurs militaires de

Saint John Volunteer Battalion, c. 1864

Saint John Volunteer Battalion 1863

Officers and a private of the Saint John Volunteer Battalion, c. 1863. Two officers are wearing a frock coat which was prescribed for undress uniform. N.B. Museum Photo.

Le Saint John Volunteer Battalion, 1863

Officiers et un simple soldat du Saint John Volunteer Battalion, c. 1863. Deux des officiers portent la redingote prescrite comme uniforme de service. Photo du Musée du N.-B.

Londres selon les modèles précis établis pour l'armée impériale est une preuve de l'importance que les officiers attachaient aux activités de la milice.

La plupart des musées et des historiens ont négligé d'utiliser les uniformes militaires dans l'illustration de certains aspects de la structure sociale de leur communauté. La redingote d'un individu sera conservée avec soin, tandis que son uniforme militaire sera mis de côté. Se faisant, les musées sont probablement le reflet des attitudes de leurs communautés dont la réaction contre les horreurs et la destruction engendrées par les deux grandes guerres mondiales et le climat d'anti-militarisme intense des années 1960 ont produit un désir profond d'effacer tout souvenir de guerre.

C'est cependant le devoir et la responsabilité de l'historien et du conservateur de musée d'étudier et de conserver tout élément de preuve dans l'histoire de son pays. Au Canada, un pays qui n'a pas souffert d'invasion majeure de son sol depuis 1812, une force militaire composée de volontaires a existé depuis plus de deux cents ans. L'étude des raisons pour lesquelles des citoyens dépensaient du temps, des efforts et de l'argent à leurs activités de milice pourrait ainsi être un champs d'étude profitable pour l'historien du domaine social. Dans ce travail, les uniformes eux-mêmes sont une source d'information de première qualité. Il semble bien que les attitudes des conservateurs de musée et des historiens sont en train de changer tranquillement. Ceci est dû en partie à l'intérêt grandissant apporté aux études d'objets culturels et à l'histoire locale et régionale. Nous espérons que ce petit ouvrage avec ses renseignements sur les costumes militaires du passé contribuera d'une façon modeste à ce renouveau.

David Ross

Notes sur le texte

Le texte de cet ouvrage est imprimé et en anglais et en français pour deux raisons. La première, parce que ce sont les deux langues officielles du Canada et que le Nouveau-Brunswick est une province officiellement bilingue. La deuxième, parce que nous espérons que ce travail permettra de fournir aux lecteurs des pays francophones de l'étranger des connaissances additionnelles sur les uniformes canadiens et britanniques.

On s'est buté à de nombreuses difficultés dans la traduction en français des termes anglais utilisés dans la description des uniformes militaires. Les termes anglais sont souvent le fait d'expression idiomatiques et constituent en un certain sens presqu'un patois tribal sans aucuns équivalents français exacts. L'auteur et le traducteur espèrent bien que les lecteurs francophones se montreront indulgents pour les inconsistances de traduction et ils accueilleraient très volontiers tout commentaire susceptible de conduire à un meilleur usage.

Cavalry
Cavalerie

Gold waist belt (worn under tunic)
with white light. 8th Hussars

*Ceinturon en fils d'or (porté sous la
tunique) avec bande de centre
blanche. Le 8th Hussars*

8th Princess Louise's New Brunswick Hussars 1897

Full dress uniform of Lieutenant Colonel Alfred Markham. Raised in 1869 as the *N.B. Regiment of Yeomanry Cavalry,* the unit received the designation *8th Princess Louise's N.B. Regt. of Cavalry* in 1884; became the *8th Princess Louise's N.B. Hussars* in 1892 and still exists today as the *8th Canadian Hussars (Princess Louise's).*

Dark blue tunic with white collar, gold lace and braid. Dark blue trousers with double white seam stripe. Brown fur busby with gold cap lines, white plume & white bag.

Le 8th Princess Louise's New Brunswick Hussars, 1897

Uniforme de cérémonie du lieutenant-colonel Alfred Markham. Levé en 1869 sous le nom de N.B. Regiment of Yeomanry Cavalry, *l'unité reçut le nom de* 8th Princess Louise's N.B. Regt. of Cavalry *en 1884; il devint le* 8th Princess Louise's N.B. Hussars *en 1892 et existe encore aujourd'hui sous le nom de* 8th Canadian Hussars (Princess Louise's).

Tunique bleu foncé avec collet blanc, galon et tresse de fils d'or. Pantalon bleu foncé avec double bande blanche. Colback à poil brun avec cordon de parade en fils d'or, plumet blanc avec base de petites plumes blanches et flamme de drap blanc.

Pouch belt and slings, gold with
white light. Silver pouch flap.

*Porte-giberne et bretelles en fils d'or
avec bande de centre blanche.
Couvercle de giberne en argent.*

White sabretache with
gold lace and gilt badge.

*Sabretache blanche avec
galon en fils d'or et
insigne doré.*

8th Princess Louise's New Brunswick Hussars, 1897

Mess Kit of Lieutenant-Colonel Alfred Markham, C.O. 1899. Dark
blue jacket with white collar, gold lace and braid.

Le 8th Princess Louise's New Brunswick Hussars, 1897

*Tenue de mess du lieutenant-colonel Alfred Markham, chef de corps, 1899. Veston bleu foncé
à collet blanc, ornée d'un galon et d'une tresse en fils d'or.*

14

Alfred Markham, b. England 1841, came to N.B. 1866. Owner of the Saint John Daily Sun 1890. Major 1881. Brevet Lt. Col. and acting C.O. 1897. C.O. 1899. Retired 1899.

Lt. Col. Domville, C.O. in 1899 refused to retire according to regulations & through political influence, he, Domville, was able to ensure that Markham, whom he disliked, was only able to hold the colonelcy for one week in 1899 before he had to retire. For details of this celebrated squabble, see Desmond Morton's "Ministers and Generals". Accession #29592 et seq. Donor, Mrs. J. E. Secord.

Alfred Markham, né en Angleterre, 1841. Vint au N.-B., 1866. Propriétaire du Saint John Daily Sun, 1890. Commandant, 1881. Lt.-col. breveté et chef de corps suppléant, 1897. Chef de corps, 1899. Retraité, 1899. Le Lt.-col. Domville, chef de corps, refusa de se retirer selon les règlements et s'assura, à travers son influence politique, que Markham, son successeur qu'il détestait, ne puisse garder le rang de colonel plus d'une semaine en 1899 avant de se retirer à son tour. Pour les détails concernant cette célèbre querelle, voir "Ministers and Generals" de Desmond Morton. No matricule 29592 et suivants. Donateur: Mme J. E. Secord.

8th Princess Louise's New Brunswick Hussars, 1897
Le 8th Princess Louise's New Brunswick Hussars, 1897

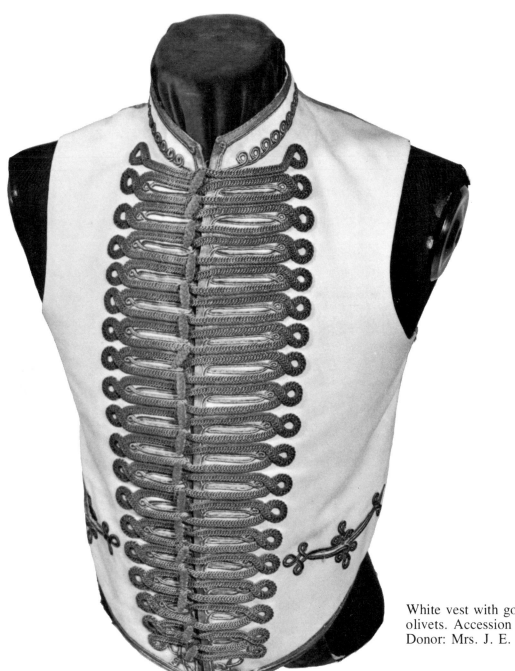

White vest with gold frogging and olivets. Accession number 29595. Donor: Mrs. J. E. Secord.

Gilet blanc avec brandebourg de fils d'or et olives. No matricule 29595. Donatrice: Mme J. E. Secord.

Artillery
Artillerie

Artillery officer's full dress waist belt, c. 1878. See pp. 20-21 for full uniform.

Ceinturon de cérémonie pour officier d'artillerie, c. 1878. Voir pp. 20-21 pour l'uniforme au complet.

Artillery Officer's Shako, c. 1820

Full dress shako with parade cap lines thought to have been worn by an officer of the *Artillery Company of the Saint John City Militia.* Pattern in use 1816-24. After 1824 gold lace was replaced by black braid. Black felt body with gold lace, caplines and racquettes. Gilt badge, chinscales and lion head bosses. Black silk Hanoverian cockade with plain gilt button. Sunken black leather top and peak. Torn maker's paper label reads, ''Oliphant's, Cockspur St., London''. White feather plume with gilt holder. Accession #X7001. Donor, unknown.

Shako d'artillerie pour officier, c. 1820

Shako de cérémonie, avec cordon de parade, qui aurait été porté par un officier de la compagnie d'artillerie de la Saint John County Militia. *Modèle en usage de 1816-24. Après 1824 le galon de fils d'or fut remplacé par une galon noir. Calotte de feutre noir avec galon, cordon de parade et raquettes de fils d'or. Insigne, jugulaire à écailles et têtes de lion dorés. Cocarde Hanovrienne de soie noire avec bouton uni doré. Fond en creux et visière, en cuir noir. Etiquette déchirée du manufacturier portant les mots ''Oliphant's Cockspur St., London''. Plumet blanc avec support doré. No matricule X7001. Donateur inconnu.*

New Brunswick Regiment of Artillery, c. 1865

Gunner's full dress uniform. Dark blue tunic with scarlet collar and piping. Yellow braid on sleeves and collar. Brass buttons inscribed with 3 cannons under a crown with "Canada Militia" around. White buff leather equipment. Worn with fur busby. Equipment would have been completed with a black leather pack, waterbottle and slung haversack. Accession #X7003. Donor unknown.

Le New Brunswick Regiment of Artillery, c. 1865

Uniforme de cérémonie d'un artilleur. Tunique bleu foncé avec collet et passepoil écarlates. Galon jaune sur les parements et le collet. Boutons en laiton ornés de 3 canons gravés sous une couronne et les mots "Canada Militia" tout autour. Buffleterie blanche. Porté avec colback en fourrure. L'équipement serait complet avec un havresac de cuir noir, un bidon et une musette en bandoulière. No matricule X7003. Donateur inconnu.

New Brunswick Regiment of Artillery:

Uniform of Lieutenant-Colonel William Cunard, c. 1878. Dark blue trousers & tunic with scarlet collar & cuffs. Gold lace, braid & belts. (See p. 22 for additional detail.)

The Blue Home Service Helmet, introduced in 1878, was at first worn by the artillery with a spike finial, but this was replaced with a ball finial in 1881, because the spike would stick into the wearer's horse when tightening the girth. Wm. Cunard, Capt. No. 3 (Capt. Hurd Peter's) Battery 1867; Major 1872; Brevet Lieut.-Colonel 1877. Later District Storekeeper. Accession #6047. Donor, J. R. Armstrong.

Le New Brunswick Regiment of Artillery:

Uniforme du lieut.-col. William Cunard, c. 1878. Pantalon et tunique bleu foncé avec collet et parements écarlates. Galon, tresse, ceinturon et porte-giberne en fils d'or. (Voir p. 22 pour plus de détails.)

Le casque bleu, modèle "Home Service", adopté en 1878, fut d'abord porté par l'artillerie avec un cimier à pointe, mais celle-ci fut remplacée par une boule en 1881 parce que la pointe piquait le cheval lorsque le cavalier serrait la sangle. William Cunard, capt. de la batterie No 3 (du capt. Hurd Peter), 1867. Commandant, 1872. Lieut.-col. breveté, 1877. Plus tard, manutentionnaire. No matricule 6047. Donateur: J. R. Armstrong.

New Brunswick Regiment of Artillery, (Detail)

Sabretache, pouch, belts and slings worn in full dress uniform on pp. 20-21. Gold lace belts & slings. Sabretache & pouch, dark blue with gold lace & embroidery. Acc. #6086. Donor, J. R. Armstrong.

Le New Brunswick Regiment of Artillery (Détails)

Sabretache, giberne, ceinturon, porte-giberne et bretelles portés avec l'uniforme de cérémonie à la pp. 20-21. Galon, porte-giberne, ceinturon et bretelles en fils d'or. Sabretache et giberne bleu foncé avec galon et broderie de fils d'or. No matricule 6086. Donateur: J. R. Armstrong.

Canadian Artillery

Below: Officer's Mess Kit of the pattern worn in the 1890's. Dark blue cloth with scarlet collar, cuffs, shoulder straps & vest. Gold lace & braid. Gilt buttons with Queen's crown over field gun. Worn by Lieut. Colonel W. C. Good. Lieut. 10th Field Battery 1898; Major 1899; Lt. Col. Staff 4th Brigade 1910. Served in the South African War 1899-1900 (Queen's Medal & 3 clasps). Accession #33464. Donor: W. C. Good.

L'artillerie Canadienne

A gauche: Tenue de mess pour officier, modèle porté dans les années 1890. Drap bleu foncé avec collet, parements, pattes d'épaule et gilet écarlates. Galon et tresse en fils d'or. Boutons dorés avec canon de campagne sous couronne royale. Portée par le lieut.-col. W. C. Good. Lieut. de la 10th Field Battery, 1898. Commandant, 1899. Lt.-col. du Staff 4th Brigade, 1910. Prit part à la guerre de l'Afrique du Sud, 1899-1900 (Médaille de la reine avec 3 barettes). No matricule 33464. Donateur: W. C. Good.

Above:
Stable jacket worn by Captain Richard Farmer *N.B.R.A.* 1864-67; Dark blue with scarlet collar, gold lace and braid. Worn on parade buttoned up, and as a Mess Jacket unbuttoned and looped at the collar.

Richard Farmer, 2nd Lieut. 1863. Capt. 1864. Brevet Major 1867. Retired 1872. Appointed Quartermaster 1872. Retired from this post as Hon. Major 1894. d. 1909. Accession #6223. Donor, the Misses Farmer.

Ci-dessus:

Veste d'écurie portée par le capitaine Richard Farmer RNBA., 1864-67. Bleu foncé avec collet écarlate; galon et tresse en fils d'or. Portée boutonnée pour la parade; déboutonnée et bouclée au collet comme veste de mess.

Richard Farmer, 2e lieut., 1863. Capt., 1864. Commandant breveté, 1867. Retraite, 1872. Nommé fourrier, 1872. Se retira de ce poste comme commandant honoraire, 1894. Mort, 1909. No matricule 6223. Donatrices: les Mlles Farmer.

New Brunswick Garrison Artillery

Officers of the regiment in full dress. N.B. Museum photo.
Dark brown fur busby with scarlet bag & gold caplines. Dark blue tunic with scarlet collar,
gold lace & braid, gilt buttons. Glazed white belts with gilt fittings, black patent pouches.
Note that the surgeon wears medical staff belts, black with gold stripes & cocked hat with
black plumes.

La New Brunswick Garrison Artillery

Officiers du régiment en uniforme de cérémonie. Photo du Musée du N.-B.
Colback de fourrure brun foncé avec flamme écarlate et cordon de parade en fils d'or. Tunique bleu foncé avec collet
écarlate, galon et tresse en fils d'or et boutons dorés. Porte-giberne et ceinturon glacés blanc avec garniture dorée;
giberne en cuir verni noir. A noter que les médecins militaires portent le porte-giberne et le ceinturon noirs avec
rayures de fils d'or du personnel médical et le bicorne à plumet noir.

Capt. HARRISON.	Lieut. TEMPLE.	Capt. STEEVES.	Capt. BAXTER.	Lieut. WHITE.	Capt. CRAWFORD.	Capt. JONES.	Lieut. GORDON.	Lieut. ARMSTRONG.	Asst. Surg. ANDREWS.	Capt. McLEOD, Adjt.
Major FARMER, Quartermaster.			Capt. SMITH, Paymaster.		Lieut. Colonel ARMSTRONG.		Surgeon DANIEL.		Major GORDON.	
Lieut. SCOVIL.	Lieut. TILLEY.	Lieut. McLEOD.				Lieut. JONES.				Lieut. FOSTER.

Officers of New Brunswick Garrison Artillery, 1893.

New Brunswick Regiment of Artillery — N.C.O.'s

Below: Photo of Battery Sergeant Major Horace Brown 1914. N.B. Museum photo. Helmet with brass badge and fittings. Brown leather belt.

Le New Brunswick Regiment of Artillery — sous-officiers

Ci-dessous: *Photo du sergent-major de batterie Horace Brown, 1914. Photo du Musée du N.-B. Casque blanc avec insigne et garniture en laiton. Ceinturon en cuir noir.*

Above: Tunic of Brigade Sergeant Major John Edwards c. 1905. Both tunics are of dark blue cloth with scarlet collars and shoulder straps, with gold lace, braid and chevrons. Note that Mr. Edwards has an additional line of gold tracing braid around the Austrian knot on the sleeve. Accession #20225. Donor, Mr. F. E. Flewelling.

Ci-dessus: *Tunique du sergent-major de brigade John Edwards, c. 1905. Les deux tuniques sont de drap bleu foncé avec collets et pattes d'épaule écarlates; galon, tresse et chevrons de fils d'or. A noter que M. Edwards a un petit lacet de fils d'or additionnel qui suit les contours du noeud autrichien sur la manche. No matricule 20225. Donateur: M. F. E. Flewelling.*

3rd Heavy Brigade — Canadian Garrison Artillery

Full dress of a Lieutenant, 1908. Dark blue cloth with scarlet collar and shoulder straps, gold lace and braid. Gold lace belts with plain black patent pouch. Gold Aiguillettes indicate the appointment as an ADC to the Governor General.

La 3rd Heavy Brigade — Canadian Garrison Artillery

Uniforme de cérémonie d'un lieutenant, 1908. Drap bleu foncé avec collet et pattes d'épaule écarlates; galon et tresse en fils d'or. Ceinturon et porte-giberne en galon de fils d'or avec giberne en cuir uni verni noir. L'aiguilette d'or indique son poste d'Aide de Camp du Gouverneur Général.

The universal Pattern White Helmet was introduced in 1886 and was worn in full dress at certain periods, in place of the busby. Accession #51.29. Donor, Mrs. H. F. Morrisey.

Le modèle universel du casque blanc fit son apparition en 1886 et fut porté avec l'uniforme de cérémonie en certaines périodes à la place du colback. No matricule 51.29.

Donatrice: Mme H. F. Morrisey.

Canadian Artillery, 1907

Pattern of Mess Kit introduced in 1907. Dark blue jacket with
scarlet waistcoast. White summer cap cover. Worn by Captain
Stanley B. Smith, who became Lieut. 1904. Capt. 1907. Major
1908. Accession #7096. Donor, Mr. S. B. Smith.

L'Artillerie Canadienne, 1907

*Modèle de tenue de mess adopté en 1907. Veston bleu foncé avec
gilet écarlate. Couvre-casquette blanc pour l'été. Porté par le
capitaine Stanley B. Smith, qui fut nommé lieut., 1904. Capt.,
1907. Commandant, 1908. No matricule 7096. Donateur: M. S.
B. Smith.*

Infantry
Infanterie

Shanghai Volunteer Corps 1872, belt worn by Captain J. J. Tucker (later Lt.-Col., 62nd Saint John Fusiliers, see p. 48). The date, 4th April, 1854 commemorates the Battle of Muddy Flat, an engagement against the Triad rebels attacking Shanghai.

Ceinturon du Shanghai Volunteer Corps, 1872, porté par le capitaine J. J. Tucker (plus tard, lt.-col. dans le 62nd Saint John Fusiliers, voir p. 48). La date "4th April, 1854" commémore la bataille de Muddy Flat, un combat livré contre les rebelles Triad qui attaquaient Shanghai.

Infantry, c. 1796

An Infantry private's jacket, circa 1796. Coarse scarlet wool cloth with dark blue lapels, cuffs and shoulder straps. White cotton braid. Plain pewter buttons. Possibly worn by a New Brunswick unit, but not definitely indentified as such, this jacket is one of the earliest pieces of male clothing in the museum's collection. Accession #X7014. Donor unknown.

Infanterie, c. 1796

Habit d'infanterie d'un simple soldat, circa 1796. Gros drap de laine écarlate avec revers, parements et pattes d'épaules bleu foncé. Galon en coton blanc. Boutons unis en étain. Probablement porté par une unité du Nouveau-Brunswick bien que pas nettement identifié comme tel. Cet habit est l'un des plus anciens vêtements pour hommes de la collection du musée. No matricule X7014. Donateur inconnu.

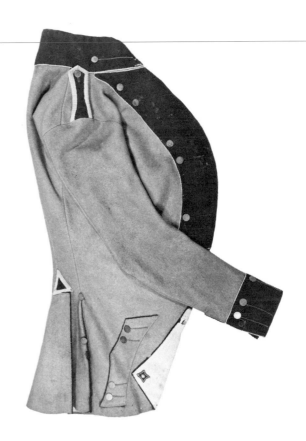

Infantry of the Line, c. 1812

Officer's jacket of the pattern worn throughout the War of 1812. Scarlet wool cloth with dark blue collar, cuffs and lapels. This short jacket was prescribed for officers by the General Order of 24th Dec. 1811, but was probably in use for some time prior to this. Withdrawn in 1820. It could be worn in three ways: 1) fastened with hooks and eyes; lapel buttoned back to show blue facing. 2) buttoned over completely so that facing did not show. 3) partially buttoned over so that top corners of lapel facing shows. All buttons except one have been removed, otherwise jacket is in nearly new condition. Accession #X7013. Donor unknown.

Infanterie de ligne, c. 1812

Habit d'officier, modèle porté durant la guerre de 1812. Drap de laine couleur écarlate avec collet, parements et revers bleu foncé. Cet habit court de même longueur que celui porté par les sous-officiers et les soldats, fut prescrit aux officiers par l'arrêté ministériel du 24 déc. 1811, mais avait probablement été en usage pour quelque temps déjà. Il fut abandonné en 1820. On le portait de trois façons: 1) agraffé, le revers boutonné de façon à laisser paraître les distinctives bleues. 2) complètement boutonné, de telle sorte que les distinctives ne se voient pas. 3) partiellement boutonné, de telle sorte que le coin supérieur du revers paraisse. Tous les boutons excepté un ont été enlevés; ce vêtement est par ailleurs en excellente condition. No matricule X7013. Donateur inconnu.

New Brunswick Militia Officers' Epaulettes

Épaulettes d'officiers de la milice du Nouveau-Brunswick

Gold lace epaulette of a Major of the *1st Battalion York County (N.B.) Militia, c. 1825.*
Has 3 inch bullions (Major) with silver Garter Star. Gilt button inscribed with ''1 Battn.'' within a star, ''York Militia'' below. Accession #34004. Donor, Mr. J. de L. Robinson.

Épaulette en galon d'or d'un commandant du 1er bataillon, York County (N.B.) Militia, c. 1825.
Torsades de 3 po. (commandant) avec étoile de l'ordre de la Jarretière. Bouton doré portant l'inscription ''1 Battn'' à l'intérieur d'une étoile avec ''York Militia'' dessous. No matricule 34004. Donateur: M. J. de L. Robinson.

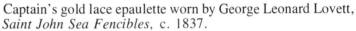

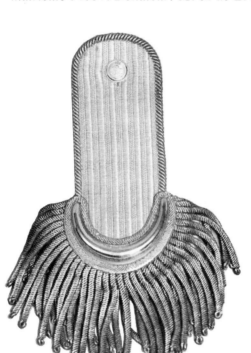

Captain's gold lace epaulette worn by George Leonard Lovett, *Saint John Sea Fencibles,* c. 1837.
This was a military unit with coast guard duties, using army ranks, but wearing naval pattern uniform. G. L. Lovett became a captain (military) in 1837 and still held that rank in 1851. Accession #6906. Donor, Mrs. Edgar Archibald.

Epaulette en galon d'or d'un capitaine, portée par George Leonard Lovett, des Saint John Sea Fencibles, *c. 1837. Cette unité militaire remplissait les fonctions de gardes-côtes, utilisant les grades de l'armée mais portant un modèle d'uniforme de la marine. G. L. Lovett devint un capitaine (militaire) en 1837 et garda ce grade jusqu'en 1851. No matricule 6906. Donatrice: Mme Edgar Archibald.*

Infantry captain's gold lace epaulette thought to have been worn c. 1820 by William Botsford, later Lieutenant Colonel of the *Westmorland County Militia.*
Pattern in use 1812-20. Wm. Botsford, (1773-1864), officer of the unit 1812, Lieut. Col. 2nd Bn. of the unit 1826-29 (and possibly earlier), Lieut. Col. of the Westmorland County Militia (1st and 2nd Bns.) 1830-48. Accession #978-141. Donor, Wm. Botsford.

Epaulette en galon d'or d'un capitaine d'infanterie qui, croit-on, aurait été portée c. 1820 par William Botsford, (plus tard lieutenant-colonel) de la Westmorland County Militia. *Modèle en usage de 1812-20. Wm. Botsford, (1773-1864) officier de l'unité, 1812. Lieut.-col. du 2e bat. de l'unité, 1826-29 (et peut-être antérieurement). Lieut.-col. de la Westmorland County Militia (1er et 2e bat.), 1830-48. No matricule 978-141. Donateur: Wm. Botsford.*

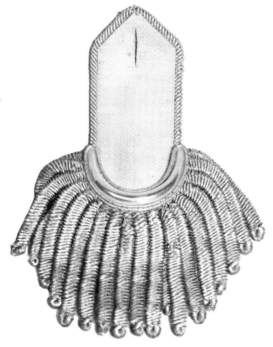

Queen's New Brunswick Rangers

See also colour plate on the cover

Full dress uniform worn by Lieutenant-Colonel Edward
Lupwiche Jarvis who commanded the regiment, 1846-54.
This unit sought to perpetuate the Queen's Rangers, a
Loyalist regiment in the American Revolutionary War,
some of whose veterans had settled in New Brunswick. E.
L. Jarvis, 1st Lieutenant, Saint John City Militia, 1827.
Captain, 1833. Transferred to the Saint John City Light
Infantry, 1844. Major, 1845. Lt.-Col. & C.O., Queen's
N.B. Rangers, 1846-54. Uniform of dark green with
scarlet collar, cuffs and piping; gold lace, braid and
epaulettes; white turnbacks; gilt buttons. Accession
#992-1007. Donor, Mrs. C. E. L. Jarvis.

Les Queen's New Brunswick Rangers

Voir aussi la planche en couleur de la couverture

*Uniforme de cérémonie porté par le lieutenant-colonel
Edward Lupwiche Jarvis qui commanda le régiment de
1846 à 1854. Cette unité se voulait la relève du Queen's
Rangers, un régiment loyaliste de la Révolution
américaine. Quelques-uns de ces loyalistes s'installèrent
au N.-B. E.L. Jarvis, 1er lieutenant de la Saint John City
Militia, 1827. Capitaine, 1833. Muté à la Saint John City
Light Infantry, 1844. Commandant, 1845. Lt.-col. et chef
de corps des Queen's N.B. Rangers, 1846-54. Uniforme
vert foncé avec collet, parements et passepoils écarlates;
galon, tresse et épaulettes de fils d'or; retroussis blancs;
boutons dorés. No matricule 992-1007. Donatrice: Mme
C. E. L. Jarvis.*

1st Battalion Saint John City Light Infantry (Irish Royals), 1845

Full dress uniform of Lieutenant William Patton. The Irish Royals were a company of this Battalion and the letters "I.R." appeared on their buttons, badges and shakos. Scarlet coatee with dark blue collar and cuffs; white turnbacks; gold lace, braid and wings; gilt buttons and shoulder belt plate: (White trousers are a replica). William Patton, gazetted 2nd Lieut. 1845, listed in the same rank in the Militia Lists until 1851. Accession #7178-80. Donor, Miss Helen Patton.

See also colour plate on cover for full uniform and page 77 for close up of shoulder wing.

Le 1er bataillon, Saint John City Light Infantry (Irish Royals), 1845

Uniforme de cérémonie du lieutenant William Patton. Les Irish Royals étaient une compagnie de ce bataillon et les lettres ''I.R.'' apparaissaient sur leurs boutons, leurs insignes et leurs shakos. Tunique écarlate avec collet et parements bleu foncé; retroussis blancs; galon, tresse et nids d'hirondelles en fils d'or; boutons et plaque de baudrier dorés. (Le pantalon blanc est une reproduction). William Patton, nommé 2e lieut., 1845; inscrit au même grade sur les listes militaires jusqu'en 1851. No matricule 7178-80. Donatrice: Mlle Helen Patton.

Voir aussi la planche en couleur de la couverture et p. 77 pour la nid d'hirondelles en gros plan.

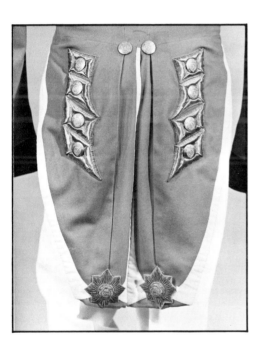

Saint John City Light Infantry (Irish Royals)

Lieutenant William Patton's full dress shako.

La Saint John City Light Infantry (Irish Royals)

Le shako de cérémonie du lieutenant William Patton.

Saint John City Light Infantry, c. 1835

Sergeant's bell top shako of the pattern in use 1835-39. Thought to have been worn by a non-commissioned officer of this unit. Body of black fur felt with black leather top, peak and lower band. NCO's quality gold lace band around top, dark green ball tuft. Bronzed chinscales with lion and crown bosses. Large helmet plate shows traces of original bronzing. Accession #X7001. Donor unknown.

La Saint John City Light Infantry, c. 1835

Shako à calotte en forme de cloche pour sergent; modèle en usage de 1835 à 1839. Aurait été porté par un sous-officier de la Saint John City Light Infantry. Calotte en feutre de fourrure noire avec fond, visière et bourdalou inférieur en cuir noir. Galon supérieur en fils d'or de qualité inférieure pour sous-officiers; pompon vert foncé. Jugulaire à écailles cuivrée avec lion et couronne en bosses. La grosse plaque du casque laisse voir des traces du bronzage original. No matricule X7001. Donateur inconnu.

1st Battalion, Saint John City Light Infantry (Irish Royals), 1845

Le 1er bataillon, Saint John City Light Infantry (Irish Royals), 1845

Frock coat (undress uniform) worn by Lieutenant William Patton, 1845-51.
The white trousers and cap with foul weather cover are replicas. See page 33 for details of Lieut. Patton. Frock coat of fine quality dark blue wool cloth, three hook Prussian collar. Flat gilt buttons, with Irish Harp and wreath of shamrocks at center surrounded with a riband inscribed, ''1st Bn. City Militia, Saint John, N.B.'' Over riband are the letters ''I R'' and a crown. The two small gilt cuff buttons have only a raised pattern of shamrocks. Scarlet silk sash. Black patent leather waist belt and slings with gilt fittings. Shoulder boards of dark blue cloth with gilt crescent. Accession #7184. Donor, Miss Helen Patton.

Redingote (uniforme de service) portée par le lieutenant William Patton, 1845-51.
Le pantalon blanc, la casquette militaire et son manchon contre les intempéries sont des reproductions. Voir notes à la p. 33 pour détails sur le lieutenant Patton. Redingote en drap de laine bleu foncé de belle qualité; collet prussien à trois agrafes. Boutons plats dorés avec harpe irlandaise et couronne de trèfles au centre, entourés d'un ruban sur lequel est inscrit ''1st Bn. City Militia, Saint John, N.B.'' Au-dessus du ruban il y a les lettres ''I R'' et une couronne. Les deux petits boutons dorés des manches n'ont qu'un dessin de trèfles en bosse. Echarpe de soie écarlate. Ceinturon et bretelles en cuir verni noir avec garnitures dorées. Contre-épaulettes cartonnées en drap bleu foncé et croissant doré. No matricule 7184. Donatrice: Mlle Helen Patton.

2nd Battalion, Westmorland County Militia, 1865

Right: Full dress uniform worn by Lieutenant-Colonel the Hon. Amos Edwin Botsford. Grey was a popular colour for the uniforms of volunteer units in the 1860's. Prior to this, the unit which was founded in the 1820's had worn scarlet.

The uniform on the left has not been identified but is thought to have been that of a band sergeant of a unit of Scottish origin. Tailoring details would appear to date this uniform in the 1850's or 60's. Hook and eye front fastening. Collar, cuffs and wings of brown velvet. Brown cloth covered buttons. Cut straight across the waist at rear. Accession #X5758. Donor unknown.

Le 2e bataillon, Westmorland County Militia, 1865

A droite: Uniforme de cérémonie porté par le lieutenant-colonel et Hon. Amos Edwin Botsford. Le gris était une couleur populaire pour les uniformes des unités volontaires dans les années 1860. Avant cette époque, ce corps, créé durant les années 1820, portait l'uniforme écarlate.

L'uniforme de gauche n'a pas été identifié, mais on croit qu'il aurait été celui d'un sergent de fanfare d'une unité d'origine écossaise. Les détails de coupe semblent faire remonter la confection de cet uniforme aux années 1850 ou 60. Attaches avant à agrafes et oeillets. Collet, parements et nids d'hirondelles en velours brun. Boutons recouverts de drap brun. Tunique descendant jusqu'à la taille seulement. No matricule X5758. Donateur inconnu.

Westmorland County Militia. A. E. Botsford (1804-1894) was a Captain of the unit in 1823. Major, 1830. Succeeded his father William B. as C.O., 1830. Lieut.-Col., 1832 until 1874. Judge and member of the N.B. Legislature. Senator, 1867. Speaker of the Senate, February to April, 1880. Accession #14887. Donor, Mrs. E. Botsford Bursteed.

La Westmorland County Militia. A. E. Botsford (1804-1894) fut un capitaine de l'unité en 1823. Commandant, 1830. Succéda à son père William B. comme chef de corps en 1830. Lieut.-col., 1832-1874. Juge et membre de l'Assemblée législative du N.-B. Sénateur, 1867. Orateur du Sénat de février à avril, 1880. No matricule 14887. Donatrice: Mme E. Botsford Bursteed.

The City Guards, St. John Volunteer Battalion, c. 1863

Two privates of the City Guards, c. 1862. Dark grey uniform with black collar and cuffs. Black leather belts and black shako plume. N.B. Museum photo.

Les City Guards, Saint John Volunteer Battalion, c. 1863

Deux soldats des City Guards, c. 1862. Uniforme gris foncé avec collet et parements noirs. Ceinturon et porte-giberne en cuir noir et shako à plumet noir. Photo du Musée du N.-B.

The Saint John City Rifles Company known as the City Guards was formed on June 27th, 1860, commanded by Capt. Charles R. Ray. The unit became No. 2 Company of the St. John Volunteer Battalion in 1863, when the uniform was changed to scarlet.

La Saint John City Rifles Company, connue sous le nom de City Guards, fut fondée le 27 juin 1860, ayant comme commandant le capitaine Charles R. Ray. L'unité devint la compagnie No 2 du Saint John Volunteer Battalion en 1863 alors que la couleur de l'uniforme fut changée à écarlate.

1st Battalion, York Militia, 1842

Officer's full dress shako of the pattern in use 1842-44.
Ball tuft and tuft holder missing. Paper maker's label reads ''Holbeck & Son, 4 New Bond St., London''. Accession #X7004. Donor unknown.

Le 1er bataillon, York Militia, 1842

Shako de cérémonie pour officier, modèle en usage de 1842 à 1844.
Le pompon et le support de pompon manquent. Sur l'étiquette de papier du fabricant est inscrit: ''Holbeck & Son, 4 New Bond St., London''. No matricule X7004. Donateur inconnu.

Saint John City Rifle Company, c. 1890

Officer's undress uniform. Black tunic and trousers with black braid and lace. Scarlet collar and piping. Black patent pouch and belt with silver furnishings. Silver pouch belt badge inscribed "Saint John Rifles" with stringed bugle at center. Pouch badge, a silver stringed bugle. Tunic worn by Major J. T. T. Hartt, Captain, 1882; Major, Infantry Reserve, 1892. Accession #26679. Donor, T. T. Hartt.

La Saint John City Rifle Company, c. 1890

Uniforme de service d'un officier. Tunique et pantalon noirs avec tresse et galon noirs. Collet et passepoil écarlates. Giberne et porte-giberne en cuir noir avec garniture argentée. Insigne de porte-giberne en argent portant les mots "Saint John Rifles" avec clairon et cordon au centre. Insigne de giberne avec clairon et cordon en argent. Tunique portée par le capitaine J. T. T. Hartt, 1882. Commandant d'infanterie de réserve, 1892. No matricule 26679. Donateur: T. T. Hartt.

White helmet with blackened silver fittings. Silver helmet badge. Pouch and Helmet worn by Capt. E. A. Smith, 2/Lieut., 1887; Lieut., 1889; Captain, 1892-98. Accession #7122 & 7119. Donor, E. A. Smith.

Casque colonial blanc avec garniture en argent noirci. Insigne de casque en argent. Giberne et casque portés par le capitaine E. A. Smith. 2e lieut., 1887. Lieut., 1889. Capitaine, 1892-98. No matricule 7112 & 7119. Donateur: E. A. Smith.

New Brunswick Militia

Officer's full dress shako. This pattern of shako was officially discarded in 1861 and the badge is that prescribed for the Albert shako of 1844-55. Museum records show that this was said to have been worn by Herbert MacDonald during the Fenian Raids (1866).

Black beaver mounted on buckram, sunk black patent leather top, peak, binding and chin strap. White over red ball tuft. Gilt tuft holder missing. Three piece gilt plate has VR cypher in center with silver backing. The plate has two copper loops and two pairs of copper wires for attachment. This type of attachment and the overall size of the plate indicate that it is the pattern of plate prescribed for the Albert pattern shako, in use 1844-55. However, holes and wear marks show that it is original to the shako. Accession #X7005. Donor unknown.

La milice du Nouveau-Brunswick

Shako de cérémonie pour officier. Ce modèle a été officiellement abandonné en 1861. L'insigne est celui qui avait été prescrit pour le shako Albert de 1844-55. Les archives du musée rapportent que ce shako aurait peut-être été porté par Herbert MacDonald durant les ''Fenian Raids'' (1866).

Confectionné en poil de castor noir monté sur linon; fond en creux, visière, bordure et mentonnière en cuir ciré noir. Pompon rouge et blanc. Support doré de pompon manquant. Cette plaque 3-pièces dorée a au centre et sur fond d'argent un monogramme VR. Elle a deux boucles en cuivre et deux paires de fils de cuivre pour attaches. Ce type d'attaches et la grandeur hors tout de la plaque nous indiquent que c'est bien le type de plaque prescrit pour le modèle de shako Albert entre les années 1844-55. Cependant, les trous et les marques d'usure nous indiquent que cette plaque est l'originale du shako. No matricule X7005. Donateur inconnu.

No. 1 Company (Havelock Rifles), Saint John Volunteer Battalion

Detail of a photo of the Havelock Rifles who formed No. 1 company of the Battalion on parade in Saint John, c. 1866-67. Note the officer's shako and the stringed bugle cap badge on the other rank's caps.
This photo gives a good picture of the degree of smartness attained by militia units of the time. They were undoubtedly keen but rather untidy, perhaps a reflection of civilian fashions of the day. From a photo in the collection of the New Brunswick Museum.

Compagnie No 1 (Havelock Rifles), Saint John Volunteer Batallion

Détail d'une photo des Havelock Rifles qui constituaient la compagnie No 1 du bataillon en parade à Saint-Jean, c. 1866-67. A noter, le shako d'officier et l'insigne de casquette militaire avec clairon et cordon pour les troupes. Cette photo nous donne une bonne idée du degré de tenue et de prestance atteint par les différents corps militaires du temps. Ils sont sans aucun doute enthousiastes, mais insouciants dans leur apparence. C'est peut-être un reflet de la mode civile du temps. Photo provenant de la collection Musée du Nouveau-Brunswick.

Saint John Volunteer Battalion 1863 (Opposite Right)

Officer's uniform worn by Lieutenant Colonel Andrew C. Otty, commanding the Saint John Volunteer Battalion 1866-69. This unique pattern of tunic was introduced for the N.B. Militia in 1863.
Note the crown above the point of the cuff. In addition to the rank badges on the collar, colonels and lieut. colonels wore a crown on the cuff and majors, a star. This unusual arrangement was peculiar to the New Brunswick Volunteer Battalions. The Battalion was formed from the seven existing Volunteer Companies on Aug. 12th, 1863. They were: No. 1, ''Queen's Own''. No. 2, ''City Guards''. No. 3, ''Royals'', No. 4, ''Havelock Rifles''. No. 5, ''Zouaves''. No. 6, ''St. John Rifles''. No. 7, ''Pisarinco Rifles''. This practical uniform introduced in the Dress Regulations of Feb. 24th, 1863, fortunately coincided with a period of active service in the Fenian Raids of 1866. But by 1872, when the 62nd Bn. of Infantry was formed, a more elaborate uniform was adopted. Andrew C. Otty, Lieut. Sea Fencibles 1837. Capt. 3rd King's County Militia 1842. Lt. Col. & C.O. St. J. Vol. Bn. 1866. Brigade Major 1869. Accession #22445. Donor, Miss Augusta F. Otty.

Le Saint John Volunteer Battalion, 1863 (Ci-contre, à droite)

Uniforme d'officier porté par le Colonel Andrew C. Otty, commandant du Saint John Volunteer Battalion 1866-69. Cette tunique de modèle exceptionnel fut adoptée par la milice du N.-B. en 1863.
A noter l'étoile au-dessus de la pointe du parement. En plus des insignes de grade sur le collet, les colonels et les lieutenant-colonels portaient une couronne sur les parements et les commandants, une étoile. Cet arrangement inusité était particulier aux bataillons des volontaires du Nouveau-Brunswick levés à partir des sept compagnies de volontaires le 12 août 1863. Ils étaient: No 1, le ''Queen's Own''. No 2, les ''City Guards''. No 3, les ''Royals''. No 4, les ''Havelock Rifles''. No 5, les ''Zouaves''. No 6, les ''Saint John Rifles''. No 7, les ''Pisarinco Rifles''. Cet uniforme pratique, introduit par le règlement sur les uniformes du 24 février 1863, coïncide heureusement avec la période du service actif au temps des ''Fenian Raids'' de 1866. Mais dès l'année 1872, quand le 62nd Bn. of Infantry fut créé, un uniforme plus élaboré fut adopté. Andrew C. Otty, lieut. des Sea Fencibles, 1837. Capt. de la 3rd King's County Militia, 1842. Lt.-col. et chef de corps du Saint John Vol. Bn., 1866. Commandant de brigade, 1869. No matricule 22445. Donatrice: Mlle Augusta F. Otty.

62nd Saint John Battalion of Infantry 1880 (Opposite Left)

Full dress uniform of Captain F. H. Hartt of the 62nd Battalion of Infantry. This unit succeeded the Volunteer Battalion in 1872 and became the 62nd Bn. Saint John Fusiliers in 1882.

Frederick Hammond Hartt joined the Battalion as a Private in 1872. Sergeant and Colour Sergeant, 1873-74. Ensign, July 1875. Lieutenant, December 1875. Captain, 1877. Adjutant 62nd Saint John Fusiliers, 1886. Several times a member of the Canadian Rifle Shooting Team, many of his shooting medals are in the collection of the New Brunswick Museum. Accession #13583. Anon. Donor.

Le 62nd Saint John Battalion of Infantry, 1880 (Ci-contre, à gauche)

Uniforme de cérémonie du capitaine F. H. Hartt du 62nd Battalion of Infantry. Cette unité succéda au Volunteer Battalion en 1872 et devint le 62nd Battalion, Saint John Fusiliers en 1863.

Fréderick Hammond Hartt s'enrôla dans le bataillon comme simple soldat en 1872. Sergent et sergent-major, 1873-74. Porte-drapeau, juillet 1875. Lieutenant, décembre 1875. Capitaine, 1877. Adjudant major du 62nd Saint John Fusiliers, 1866. A plusieurs reprises un membre de l'Equipe de tir canadienne; plusieurs de ses médailles de tir sont dans la collection du Musée du Nouveau-Brunswick. No matricule 13583. Donateur anomyme.

Saint John Volunteer Battalion 1863 (right)
Le Saint John Volunteer Battalion, 1863 (à droite)

62nd Saint John Battalion of Infantry 1880 (left)
Le 62nd Saint John Battalion of Infantry, 1880 (à gauche)

62nd Saint John Battalion of Infantry

The Canadian Rifle Shooting Team at Wimbleton, 1877. Lying left front, Lieutenant F. H. Hartt, in undress uniform of the 62nd. N.B. Museum photo.

Le 62nd Saint John Battalion of Infantry

L'équipe de tir canadienne à Wimbledon, 1877. Couché à gauche, en avant, le lieutenant F. H. Hartt en uniforme de service du 62nd. Photo du Musée du N.-B.

62nd Saint John Battalion of Infantry 1877

Full dress shako, pattern in use 1869-78 worn by Lieutenant Hartt at Wimbledon, 1877.

This pattern was not officially prescribed for use in the 62nd, but Lieut. Hartt purchased it to wear in England, so that he would be correctly dressed by British Regulations. Dark blue cloth with black patent peak, silver lace, furnishings and badge.

Lion's head ventilator at rear. Maker, Gardiner & Co., Commercial Rd., Whitechapel. Frederick Hammond Hartt joined the 62nd as a Private in 1872, Sergeant 1872, Color Sergeant 1873, Ensign 1875, Lieut. 1875, Captain 1877, Adjutant 1886, Brevet Major 1887. Accession #13583. Donor: Anon.

Le 62nd Saint John Battalion of Infantry, 1877

Shako de cérémonie, modèle en usage de 1869 à 1878, porté par le lieutenant Hartt à Wimbledon, 1877.

Ce modèle n'était pas officiellement prescrit pour usage dans le 62nd, mais le lieut. Hartt l'acheta pour le porter en Angleterre afin d'être proprement habillé selon les Règlements britanniques. En drap bleu foncé avec visière en cuir ciré noir; galon, garnitures et insigne en argent. Tête de lion à trous d'aération à l'arrière. Fabricant: Gardiner & Co., Commercial Rd., Whitechapel. Frederick Hammond Hartt s'enrôla dans le 62nd comme un simple soldat en 1872. Sergent, 1872. Sergent major, 1873. Porte-drapeau, 1875. Lieut., 1875. Capitaine, 1877. Adjudant, 1886. Commandant breveté, 1877. No matricule 13583. Donateur anomyme.

62nd Battalion, Saint John Fusiliers

Undress uniform of Major F. H. Hartt, 1890. Dark blue cloth with black braid. Glazed white leather pouch belt and black patent pouch, all with gilt fittings. Forage cap of the pattern in use, 1878-1902. Accession #42037 & #6127. Donor, Col. E. T. Sturdee.

Le 62e bataillon, Saint John Fusiliers

Uniforme de service du commandant F. H. Hartt, 1890. Drap bleu foncé avec tresse noire. Porte-giberne en cuir glacé blanc et giberne en cuir verni noir; les deux avec garnitures dorées. Bonnet de police en usage entre les années 1878-1902. Nos matricules 42037 et 6127. Donateur: Col. E. T. Sturdee.

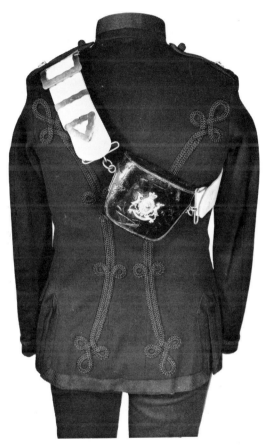

62nd Saint John Fusiliers, 1895

Mess jacket and waistcoat of Lieutenant-Colonel J. J. Tucker, 1895.

Le 62nd Saint John Fusiliers, 1895

Veston de mess et gilet du lieutenant-colonel J. J. Tucker, 1895.

Scarlet jacket with dark blue collar and cuffs. Gold lace and braid. Dark blue waistcoat. Joseph John Tucker, b. 1832. Commanded a troop ship during the Crimean War (1854-55). Capt. Nova Scotia Naval Brigade, 1865. Rose from Private to Captain in the Shanghai Municipal Volunteer Corps, 1870-73, where he was Lloyds Agent for some years. Major, Saint John Fusiliers, 1883. Lt.-Colonel & C.O., 1893. Hon. Lt.-Col., 1897. Accession #6093. Donor, Mr. L. R. Ross.

Veston écarlate avec collet et parements bleu foncé. Galon et tresse en fils d'or. Gilet bleu foncé. Joseph John Tucker, né en 1832. Commanda un transport durant la guerre de Crimée (1854-55). Capitaine de la Nova Scotia Naval Brigade, 1865. Passa de simple soldat au rang de capitaine dans le Shanghai Municipal Volunteer Corps, 1870-73, où il fut agent de la compagne Lloyds pour un certain nombre d'années. Commandant des Saint John Fusiliers, 1883. Lt.-col. honoraire, 1897. No matricule 6093. Donateur: M. L. R. Ross.

Busby badge worn by Surgeon Captain J. V. Anglin, c. 1909. Note the combination of the Fusiliers grenade and the Medical Corps badge.

Insigne de bonnet à poil porté par le médecin militaire et capitaine J. V. Anglin, c. 1909. A noter la combinaison de la grenade des fusiliers et de l'insigne du corps médical.

62nd Saint John Fusiliers

Full dress uniform of Lieutenant-Colonel E. T. Sturdee, 1904. In 1904 the scarlet waist sash replaced the former white glazed leather waist belt and the pouch was discontinued. Scarlet tunic with gold lace and braid. Dark brown fur busby. Dark blue trousers. Edward Thankful Sturdee, Private, 1872. Sergeant, 1873. Ensign, 1875. Captain, 1876. Brevet Major, 1886. Lt.-Col. & C.O., 1902. Accession #42036. Donor, Col. E. T. Sturdee.

Le 62nd Saint John Fusiliers

Uniforme de cérémonie du lieutenant-colonel E. T. Sturdee, 1904. En 1904, l'écharpe d'étoffe écarlate remplaça le précédent ceinturon de cuir glacé blanc et la giberne fut abandonnée. Tunique écarlate avec galon et tresse en fils d'or. Bonnet à poil brun foncé. Pantalon bleu foncé. Edward Thankful Sturdee, Simple soldat, 1872. Sergent, 1873. Porte-drapeau, 1875. Capitaine, 1876. Commandant breveté, 1886. Lt.-col. et chef de corps, 1902. No matricule 42036. Donateur: E. T. Sturdee.

62nd Regiment, Saint John Fusiliers

Full dress uniform of Lieutenant and Colonel Thomas Walker, M.D. Medical Officer with the regiment, 1884-1907.

Scarlet tunic with gold lace and braid, dark blue trousers. Black leather belt, pouch and sabretache with gold lace and gilt furnishings. Black cocked hat with gilt scale and black feather plume. Note that the pouch bears the Imperial not the Royal Cypher of Edward VII. As Regimental Medical Officer, Lt.-Col. Walker wore the belts pouch, sabretache and cocked hat of the Medical Corps with the scarlet tunic of the 62nd. Accession #9417 & 9450. Donor, Miss Alice Walker.

Le 62e Regiment, Saint John Fusiliers

Uniforme de cérémonie du lieutenant-colonel Thomas Walker, M.D., médecin militaire avec le régiment, 1884-1907.

Tunique écarlate avec galon et tresse de fils d'or; pantalon bleu foncé. Ceinturon en cuir noir; giberne et sabretache avec galon de fils d'or et garnitures dorées. Bicorne noir avec garniture à écailles dorées et plumet noir. A noter que la giberne porte le monogramme Impérial et non pas le monogramme Royal d'Edouard VII. En tant qu'officier médical du régiment, le lt.-col. Walker portait le ceinturon, la giberne, la porte-giberne, la sabretache et le bicorne du corps médical avec la tunique écarlate du 62e. No matricule 9417 & 9450. Donatrice: Mlle Alice Walker.

50

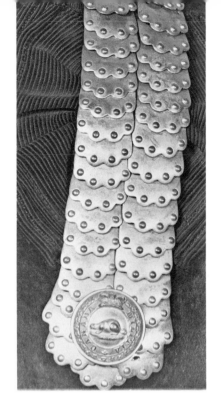

(Below) Officers of the 62nd Saint John Fusiliers, c. 1890. Showing the various orders of dress from Levee Uniform (3rd from left, standing) to Mess Kit (standing, 3rd from right) to Undress (sitting, far left). N.B. Museum photo.

(Ci-dessous) Officiers du 62nd Saint John Fusiliers, c. 1890, en différentes tenues, allant de l'uniforme de grande tenue (3e homme debout, à gauche) à la tenue de mess (debout, 3e à droite) à l'uniforme de service (assis, au bout, à gauche). Photo du Musée du N.-B.

62nd Battalion, Saint John Fusiliers, 1893

Canadian Rifle Shooting Team at Bisley, England, 1893. L. to R.: Major F. H. Hartt, 62nd Saint John Fusiliers; Lieutenant, 3rd Victoria Rifles; Lieutenant, 67th Bn., Carleton Light Infantry; Lieutenant, 63rd Halifax Rifles. N.B. Museum photo.

62nd full dress. Dark brown fur busby with gilt furnishings. Scarlet tunic with dark blue collar and cuffs, gold lace, gilt buttons. Glazed white belts with gilt furnishings, black patent pouch. Dark blue trousers with scarlet seam welt. 3rd Victoria Rifles full dress. White helmet with bronzed furnishings. Rifle green tunic with black lace and braid. Black patent pouch belt and pouch with silver furnishings. Trousers, rifle green with 2 inch black seam stripe. 67th full dress. As for 62nd but with white helmet with gilt furnishings and crimson sash.
63rd Rifles. As for 3rd Rifles but with black fur busby with bronzed fittings and black feather plume.

Le 62e bataillon, Saint John Fusiliers, 1893

L'équipe de tir canadienne à Baisley, Angleterre, 1893. De g. à d.: le commandant F. H. Hartt du 62nd Saint John Fusiliers; un lieutenant du 3rd Victoria Rifles; un lieutenant du 67e bataillon, Carleton Light Infantry; un lieutenant du 63rd Halifax Rifles. Photo du Musée du N.-B.

Le 62e en uniforme de cérémonie. Bonnet à poil brun foncé avec garnitures dorées. Tunique écarlate avec collet et parements bleu foncé, galon de fils d'or et boutons dorés. Ceinturon et porte-giberne glacés blanc avec garnitures dorées et giberne en cuir verni noir. Pantalon bleu foncé avec passepoil écarlate.
Le 3rd Victoria Rifles en uniforme de cérémonie. Casque blanc avec garniture bronzée. Tunique verte, très foncée, avec galon et tresse noirs. Porte-giberne et giberne en cuir verni noir avec garnitures d'argent. Pantalon vert très foncé avec bande de couture noire de 2 inches.
Le 67e en uniforme de cérémonie. Comme pour le 62e mais avec casque blanc à garnitures dorées et écharpe cramoisie.
Le 63rd Rifles. Comme pour le 3rd Rifles mais avec talpack en fourrure noire et garniture bronzée; plumet noir.

62nd Saint John Fusiliers, 1900

Frock tunic of Sergeant B. E. Gallagher, Saint John Fusiliers, 1900, with crimson Sergeant's sash.

Le 62nd Saint John Fusiliers, 1900

Tunique écarlate avec écharpe cramoisie du sergent B. E. Gallagher des Saint John Fusiliers, 1900.

Scarlet wool cloth with dark blue collar, cuffs and shoulder straps. Brass shoulder numerals and buttons of Canada Militia pattern, with Queen's crown. Gold lace chevrons. Brown leather belt with brass fittings. Accession #9465. Donor, Judge Armstrong.

En drap de laine avec collet, parements et pattes d'épaules bleu foncé. Chiffres d'épaules et boutons de la milice canadienne avec couronne royale en bosse, en laiton. Chevrons en galon de fils d'or. Ceinturon en cuir brun avec garniture en cuivre. No matricule 9465. Donateur: Le juge Armstrong.

62nd Saint John Fusiliers, 1906

Infantry officer's patrol uniform with Sam Browne equipment, 1904 pattern, worn by Captain J. B. Gillespie, Saint John Fusiliers. Scarlet wool tunic with dark blue collar, cuffs and shoulder straps. Dark blue trousers and "naval" pattern forage cap. Tan leather equipment. Accession #54.71. Donor, Mrs. J. J. Stothart.

Le 62nd Saint John Fusiliers, 1906

Uniforme de patrouille d'officier d'infanterie avec accessoires Sam Browne, modèle 1904, porté par le capitaine J. B. Gillespie des Saint John Fusiliers.
Tunique en laine écarlate avec collet, parements et pattes d'épaule bleu foncé. Pantalon bleu foncé et casquette de la Marine. Accessoires en cuir tan. No matricule 54.71.
Donatrice: Mme J. J. Stothart.

15th Regiment of Foot (East Yorkshire Regiment) 1860's

Rear of the bandsman's full dress tunic shown in colour on p. 56.

Le 15th Regiment of Foot (East Yorkshire Regiment), dans les années 1860

Dos de la tunique de cérémonie d'un fanfariste, figurant en couleurs à la p. 56.

15th Regiment of Foot (East Yorkshire Regiment) 1860's
Le 15th Regiment of Foot (East Yorkshire Regiment), dans les années 1860.

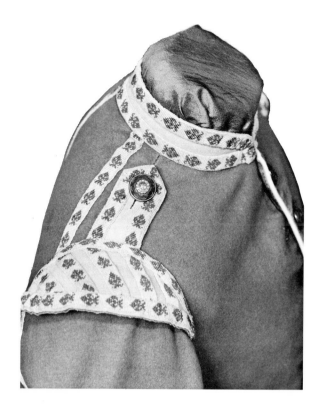

Detail of Bandsman's Tunic
*Tunique de fanfariste
(détails)*

Colour plate: Left, Bandsman's full dress tunic worn by James Kelley when serving with the regiment in New Brunswick, 1861. Accession #11355. Donor, Mr. Robt. Kelley. Right, Officer's full dress tunic of Captain Robert Coupe worn during the regiment's service in New Brunswick, 1861-70, at the time of the Trent Affair and the Fenian Raids. Center, Shako worn by Captain A. Butler, 1861-69.

Officer's tunic, this pattern of tunic was introduced in the dress reforms after the Crimean War, 1856. Worn with a white glazed leather belt with regimental badge on the plate. Accession #23140. Donor, Mr. Bert Coupe.

Shako, quilted pattern, gilt badge has black leather backing to numerals. Made by Hill Bros., 3 Old Bond St., London. Accession #24161. Donor, Dr. Selby Wetmore.

Photo couleur. A gauche: Tunique de cérémonie de fanfare portée par James Kelley lors de son service militaire avec le régiment au Nouveau-Brunswick en 1861. No matricule 11355. Donateur: M. Robt. Kelley. A droite: Tunique de cérémonie du capitaine Robert Coupe lors de la mission de son régiment au Nouveau-Brunswick de 1861 à 1870 au temps de l'Affaire Trent et des "Fenian Raids". Au centre: Un shako porté par le capitaine A. Butler, 1861-69.

Tunique d'officier. Ce modèle de tunique fut adopté dans les réformes de l'habillement après la guerre de Crimée, 1856. Portée avec un ceinturon en cuir glacé blanc avec insigne du régiment sur la boucle. No matricule 23140. Donateur: M. Bert Coupe.

Shako. Modèle piqué; insigne doré avec chiffre sur fond de cuir noir. Confectionné par Hill Bros., 3 Old Bond St., Londres. No matricule 24161. Donateur: Dr Selby Wetmore.

Detail of rear skirt of full dress tunic shown on p. 56.

Détails sur les pans de la tunique de cérémonie. Voir la tunique à la page 56.

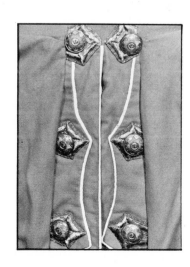

52nd Oxfordshire Light Infantry, 1892 (Detail)

Uniforms and medals of Major William Henry Odell, a member of the noted Loyalist family who made his career in the British Army. Left: Full dress with levee sash and belt. Right: Serge patrol jacket prescribed for use by officer's in India. See also pp. 60-61.

La 52nd Oxfordshire Light Infantry, 1892 (Details)

Uniformes et médailles du commandant William Henry Odell, un membre d'une famille loyaliste bien connue qui fit sa carrière militaire dans l'armée britannique. A gauche: Tunique de cérémonie avec écharpe et ceinturon de levée. A droite: Tunique de patrouille en serge, prescrite pour usage d'un officier en Indes. Voir aussi pp. 60-61.

52nd Oxfordshire Light Infantry, 1892

Shell jacket of lightweight cloth for use in the tropics.

La 52nd Oxfordshire Light Infantry, 1892

Veste de petite tenue en drap léger pour usage dans les tropiques.

52nd Oxfordshire Light Infantry, 1892 (Detail)

La 52nd Oxfordshire Light Infantry, 1892 (Détails)

W. H. Odell, b. 6th May, 1852, Fredericton. Great grandson of Rev. Jonathan Odell. Royal Military College, Sandhurst, 1869. Lieut. 52nd, 1871. Garrison at Malta and Gibraltar, 1871-74. Served with the Transport Dept. in Zululand, 1879, in the operations against Chief Sekukuni, friend of Cetewayo, after the latter's defeat at Ulundi (medal with clasp). Capt., 1882. Served with 52nd in India from 1886. Took part in the Wuntho Punitive Expedition in Upper Burna, 1891 (India G. S. Medal with clasp). Major, 1892. Died at Rawulpindi, 8th Nov., 1894. Accession #30173-83. Donor, Miss Mary K. Odell.

W. H. Odell, né le 6 mai, 1852, à Frédericton. Un arrière-petit-fils du Rév. Jonathan Odell. Au Royal Military College, Sandhurst, 1869. Lieut. du 52nd, 1871. En garnison à Malte et à Gibraltar, 1871-74. Au service du ministère du transport de Zululand, 1879, en campagnes contre le chef Sekukuni, ami de Cetewayo après la défaite de ce dernier à Ulundi (Médaille avec barette). Capt., 1882. Servit avec le 52nd en Indes à partir de 1886. Prit part à l'expédition de représailles Wuntho dans la Birmanie du Nord, 1891 (Médaille avec barette pour S. G. en Indes). Commandant, 1892. Mort à Rawulpindi, le 8 novembre 1894. No matricule 30173-83. Donatrice: Mlle Mary K. Odell.

Right: Forage cap worn by Major Odell with the patrol jacket shown on p. 58.

Below: Detail of levee belt shown on the full dress tunic in the colour plate on p. 58.

Belt plate of regimental pattern worn with the patrol jacket shown on p. 58.

A droite: Bonnet de police porté par le commandant Odell avec la tunique de patrouille de la page 58.

Ci-dessous: Détails du ceinturon de levée porté avec la tunique de cérémonie apparaissant dans la plaque en couleur de la page 58.

Boucle de ceinture avec motif régimentaire portée sur la tunique de patrouille de la page 58.

42nd Battalion C.E.F. Royal Highlanders of Canada (Black Watch)

Khaki uniform worn by Private George Stewart on active service in France, 1916-18.

Le 42e Bataillon, F.E.C., Royal Highlanders of Canada (Black Watch)

Uniforme kaki porté par le soldat George Stewart lors de son service actif en France, 1916-18.

The khaki apron covers a black and green Black Watch kilt. Brass buttons and titles on tunic. Red hackle on bonnet. The equipment is the 1908 British Webbing Pattern. This weighed 60-80 lbs. according to the amount of kit carried, including 150 rounds of ammunition. Designed by Major A. R. Burrows, manufactured by the Mills Equipment Co., adopted for use in the Canadian Army in 1915. Accession #63.92. Donor, Mr. G. Stewart.

The 42nd Battalion was raised in 1915, arriving in France in October, it served on the Somme, at Vimy Ridge, Passchendale and the Hindenburg Line. The Battalion suffered 868 casualties and 1723 wounded. After the War it became the 2nd Battalion of the Black Watch (RHC) of Canada.

Le tablier kaki recouvre le kilt noir et vert des Black Watch. Tunique avec boutons et titres de laiton. Touffe de plumes rouges sur le béret. L'équipement est le modèle à sangles britanniques de 1908. Le tout pesait de 60 à 80 livres dépendant de la quantité d'effets portée, y inclus 150 cartouches. Une création du commandant A. R. Burrows. Uniforme confectionné par Mills Equipment Co. Adopté pour usage de l'armée canadienne en 1915. No matricule 63.92. Donateur: M. G. Stewart.

Le 42e bataillon fut levé en 1915. Il arriva en France en octobre et servit sur la Somme, sur la crête de Vimy, à Passchendale et sur la ligne Hindenburg. Le bataillon perdit 868 hommes; 1723 furent blessés. Après la guerre il devint le 2nd Battalion of the Black Watch (RHC) of Canada.

Other Corps
Autres corps

Medical Staff Corps, officer's full
dress belt plate & buttons.

*Boucle de ceinturon et boutons
d'uniforme de cérémonie pour officier
du Medical Staff Corps.*

Ordnance Stores Corps, 1903

Full dress uniform of Hon. Lieutenant-Colonel Andrew J. Armstrong, Superintendent of Stores (Fredericton), No. 8 Military District, 1902.

L'ordnance Stores Corps, 1903

Uniforme de cérémonie de l'Hon. lieut.-col. Andrew J. Armstrong, surintendant du matériel (Fréedericton), district militaire No 8, 1902.

Dark blue tunic and trousers with scarlet collar and cuffs, gold lace and badges. Black leather pouch. Glazed white belts. Col. Armstrong apparently did not replace his waist belt plate and pouch cypher in the new reign.

Tunique et pantalon bleu foncé avec collet et parements écarlates, galon et tresse de fils d'or. Boutons et insignes dorés. Giberne en cuir noir. Ceinturon et porte-giberne glacés blancs. Il semblerait que le colonel Armstrong ne remplaça pas la boucle de son ceinturon et le monogramme de sa giberne sous le nouveau règne.

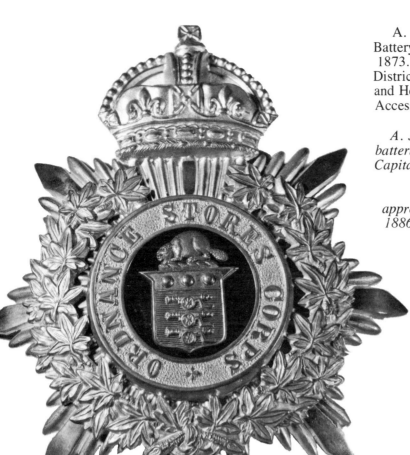

A. J. Armstrong, b. 1842. 2nd Lieut. No. 1 Battery N.B. Regt. of Artillery, 1872. Captain, 1873. Major, 1886. To Staff of No. 8 Military District (Fredericton) as Superintendent of Stores and Hon. Major, 1886. Hon. Lieut.-Col., 1901. Accession #14282. Donor, Mrs. Frank Likely.

A. J. Armstrong, né en 1842. 2e lieut. de la batterie No 1 du N.B. Regt. of Artillery, 1872. Capitaine, 1873. Commandant, 1886. Rejoignit le personnel du district militaire No 8 (Frédericton) comme surintendant des approvisionnement et commandant honoraire, 1886. Lt.-col. honoraire, 1901. No matricule 14282. Donatrice: Mme Frank Likely.

Stores Department, 1901

"Staff in Blue" uniform worn by Hon. Lieutenant-Colonel Andrew J. Armstrong. Black cocked hat with white over black feather plume. Dark blue frock coat with black lace, dark blue vest with gold braid. Belts, gold with scarlet central light. Black patent pouch.

It should be noted that Col. Armstrong's frock coat is the pattern of the Engineers, the Ordnance Corps has a different pattern of lace on the back of the coat.
Accession #14281. Donor, Mrs. Frank Likely. For biog. details see p. 65.

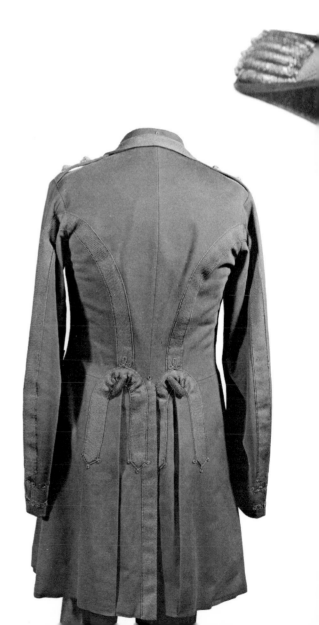

Le Stores Department, 1901

Uniforme "Bleu d'état-major" porté par l'Hon. lieut.-col. Andrew J. Armstrong. Bicorne noir avec plumet de plumes blanches sur plumes noires. Redingote bleu foncé avec galon noir. Gilet écarlate avec tresse de fils d'or. Ceinturon et porte-giberne en fils d'or avec bande de centre écarlate. Giberne en cuir verni noir.

Il est à noter que la redingote du Col. Armstrong était du modèle porté par les ingénieurs; la disposition du galon dans le dos était différente pour l'Ordnance Corps.
No matricule 14281. Donatrice: Mme Frank Likely. Pour détails biographiques voir p. 65.

Medical Staff Corps

Full dress uniform of Lieutenant-Colonel T. D. Walker, M.D. Dark blue cloth with black velvet collar and cuffs. Gold lace and braid. Silver maple leaf badge with red enamel cross on collar and white helmet. Black leather belts and pouch with gold stripes. Thomas Dyson Walker, medical doctor, Lieut. No. 8 Bearer Co. Saint John, N.B. 1902. Surgeon Major 1906. Lieut.-Col. & C.O. No. 8 Field Ambulance 1912. Accession #6648. Donor, Miss Alice Walker.

Le Medical Staff Corps

Uniforme de cérémonie du lieutenant-colonel T. D. Walker, M.D. Drap bleu foncé avec collet et parements en velours noir. Galon et tresse en fils d'or. Insigne de feuille d'érable en argent avec croix émaillée rouge sur le collet et sur le casque blanc. Ceinturon, porte-giberne et giberne noirs avec rayures de fils d'or. Thomas Dyson Walker, docteur en médecine. Lieut. de la Bearer Co. No 8, Saint-Jean, N.-B. Chirurgien major, 1906. Lieut.-col. et chef de corps du Field Ambulance No 8, 1912. No matricule 6648. Donatrice: Mlle Alice Walker.

"Staff in Blue" uniform of Lieutenant Colonel R. MacLaren, M.D.

Dark blue frock coat with black lace and braid. Scarlet vest with gold braid. Black cocked hat with black feather plume. Belts and pouch as for full dress. Accession #60.32. Donor, Mr. J. T. MacLaren.

Uniforme "Bleu d'état-major" du lieutenant colonel R. MacLaren, M.D.

Redingote bleu foncé avec galon et tresse noirs. Gilet écarlate avec tresse en fils d'or. Bicorne noir avec plumet noir. Ceinturon, porte-giberne et giberne comme pour l'uniforme de cérémonie. No matricule 60.32. Donateur: M. J. T. MacLaren.

Canadian Army Service Corps, 1904

Full dress uniform of Lieutenant (later Captain) Andrew West Murray, No. 4 Company C.A.S.C., Montreal. Dark blue cloth with white collar and cuffs. Gold lace and braid. Gold lace belts with blue central light. Black leather pouch.

Le Canadian Army Service Corps, 1904

Uniforme de cérémonie du lieutenant (plus tard capitaine) Andrew West Murray, de la 4e compagnie du C.A.S.C., Montréal, Drap bleu foncé avec collet et parements blancs. Galon et tresse en fils d'or. Ceinturon et porte-giberne avec bande de centre bleue. Giberne en cuir noir.

White puggaree with dark blue edging on Wolseley helmet.

Turban blanc avec liséré bleu foncé sur casque colonial Wolseley.

70

C.A.S.C. The Corps was formed in 1901, consisting of four companies, No. 1 at London, No. 2 at Toronto, No. 3 at Kingston, No. 4 at Montreal, each attached to a Brigade. A small Permanent unit was formed and attached to the Field Artillery at Kingston in 1904. In 1903 four additional companies were raised including No. 7 in Saint John, N.B. By 1914 there were eighteen Non-Permanent Companies and eight Permanent Detachments. The huge expansion in the 1914-18 War was based on this nucleus. Accession #55.74. Donor, Mrs. A. W. Murray.

C.A.S.C. Le corps fut levé en 1901 et comportait quatre compagnies: la No 1 à London, la No 2 à Toronto, la No 3 à Kingston, la No 4 à Montréal, chacune rattachée à une brigade. Une petite unité permanente fut levée et rattachée au Field Artillery de Kingston en 1904. En 1903, quatre compagnies additionnelles furent levées, y inclus la No 7 de Saint-Jean, N.-B. Vers 1914, il y avait dix-huit compagnies non-permanentes et huit détachements permanents. La grande expansion durant la guerre 1914-18 est partie de ce noyau. No matricule 55.74. Donatrice: Mme A. W. Murray.

Canadian Army Service Corps, 1904
Le Canadian Army Service Corps, 1904

Mess Kit worn by Captain A. W. Murray, C.A.S.C., c. 1904. Dark blue with white lapels, cuffs, waistcoat and trouser seam stripes. Accession #55.74. Donor, Mrs. A. W. Murray.

Tenue de mess bleu foncé avec revers, parements, gilet et bandes de coutures du pantalon, blancs. Portée par le capitaine A. W. Murray du C.A.S.C., 1904. No matricule 55.74. Donatrice: Mme A. W. Murray.

Wartime Souvenirs
Souvenirs de geurre

Photo of Douane Imperiale shoulder belt plate, worn by Lt. C. Hare, R.N. N.B. Museum photo.

Plaque de baudrier des Douanes Impériales portée par le lieutenant C. Hare, R.N. Photo du Musée du N.-B.

France: Douanes Impériales, 1809

Uniform coat and shako of a Lieutenant of the *Imperial Customs Service* worn by Lieutenant Charles Hare, Royal Navy, during his escape from a French prisoner-of-war camp at Sarre Libre in Lorraine and on his subsequent journey in disguise to Amsterdam in 1809.

Habit et shako d'un lieutenant des Douanes Impériales portés par le lieutenant Charles Hare de la Royal Navy lors de son évasion d'un camps de prisonniers de guerre français à Sarre Libre en Lorraine et de son subséquent voyage vers Amsterdam sous ce déguisement en 1809.

The coat is unlined and made of coarse dark green wool cloth. The only remaining silver buttons (on the cuffs) are inscribed with an imperial eagle surrounded with the words "Douanes Imperiales". The silver lace and embroidery is of poor quality.

The Douanes Imperiales (Customs Service) were organized on military lines with a uniform of military pattern. Coat was worn with a white or green waistcoat and matching green breeches or trousers in the period 1804-12. The French Customs Service was greatly expanded during the Empire to enforce the Berlin Decrees (1806) and the Milan Decrees (1807) by which Napoleon sought to exclude English trade from continental Europe. Charles Hare entered the Royal Navy as a 1st Class Volunteer in 1801. He served on the MADRAS during the expedition to Egypt in 1801. Captured when his ship the MINERVE went aground during a raid on Cherbourg on July 2nd, 1801, he remained a prisoner until his escape in 1809. Promoted Lieutenant, 1810. From 1811 to 1815 he served on the North American Station, part of the time on anti-privateer patrols in the Bay of Fundy, during the War of 1812, in command of the schooners BREAM and MANLEY and the brig PICTON. Later promoted Captain, he settled in Saint John after his retirement and became a prominent citizen of the town. A copy of his account of his escape is in the Archives of the N.B. Museum. Accession #26132. Donor, Mr. Charles Hare.

L'habit n'est pas doublé et est fait de gros drap de laine vert foncé. Les seuls boutons d'argent qui restent (sur les parements) portent l'aigle impériale entouré des mots "Douanes Impériales". Les galons d'argent et la broderie sont de qualité inférieure.

Les Douanes Impériales furent établies sur le modèle militaire. L'uniforme ressemblait donc aux uniformes des armées. L'habit fut porté dans la période de 1804-12 avec un gilet blanc ou vert assorti. Les Douanes françaises se développèrent grandement sous l'Empire afin de renforcer les Décrets de Milan (1807) par lesquels Napoléon essaya d'exclure le commerce anglais du continent européen.

Charles Hare devint Volontaire de 1ère classe dans la Royal Navy en 1801. Il servit sur le MADRAS durant l'expédition d'Egypte en 1801. Capturé quand son vaisseau, le MINERVE, s'échoua durant le raid sur Cherbourg le 2 juillet 1801, il demeura prisonnier jusqu'à son évasion en 1809. Promu lieutenant, 1810. De 1811 à 1815 il servit en Atlantique-Nord, une partie du temps sur les patrouilles anti-corsaires dans la baie de Fundy; durant la guerre de 1812, aux commandes des goélettes BREAM et MANLEY et sur le brick PICTON. Il fut plus tard promu capitaine. Il s'installa à Saint-Jean après sa retraite et devint un éminent citoyen de cette ville. Une copie du récit de son évasion se trouve aux Archives du Musée du N.-B. No matricule 26132. Donateur: M. Charles Hare.

Wartime Souvenirs
Souvenirs de Guerre

Russian Helmet

Other ranks helmet of the 26th Infantry Brigade of the Imperial Russian Army, 1855. Brought home from the Crimean War (1854-55). Pattern in use, 1844-55. The 26th Brigade was part of the 13th Infantry Division and included the Belostoksky Infantry and Vilansky Jaeger Regiments. The Division was part of the original garrison of Sebastopol and fought at the battles of the Alma and Inkerman. The helmet has a black leather skull and peaks with brass fittings and chinscales. The brass badge has white metal numerals and a device of Saint George slaying a dragon on the shield on the eagle's chest. The black horsehair plume worn in the top of the finial in full dress is missing. A number of 26th Brigade helmets are to be found in British collections and it is surmised that they were found in a regimental store since they were not generally worn in action in the Crimea. Accession #615. Donor, Mr. Robert W. Cruickshank.

Casque Russe

Casque de soldat de la 26e brigade d'infanterie de l'Armée impériale russe, 1855, rapporté de la Guerre de Crimée (1854-55). Modèle en usage de 1844 à 1855. La 26e brigade faisait partie de la 13e division d'infanterie et incluait les régiments d'infanterie Belostoksky et de jaegers Vilansky. La division faisait partie de la garnison originale de Sébastopol et combattit aux batailles d'Alma et d'Inkerman. Le casque a une calotte et une visière en cuir noir avec garniture et jugulaire à écailles en laiton. L'insigne de laiton a des chiffres de métal blanc et un dessin de St-Georges en train de tuer un dragon . . . dessin qui se trouve sur le bouclier monté sur la poitrine d'un aigle. Le plumet de crins de cheval noir porté sur le cimier avec l'habit de cérémonie manque. Un certain nombre de casque de la 26e brigade se trouvent dans les collections britanniques et il semble bien qu'ils ont été trouvés dans un magasin du régiment puisqu'ils n'étaient pas habituellement portés au combat durant la guerre de Crimée. No matricule 615. Donateur: M. Robert W. Cruickshank.

Jaeger Shako

Other ranks shako of a German (Prussian) Jager regiment, 1916, brought home as a souvenir by Mr. Monte Chase, 26th Battalion Canadian Expeditionary Force.
Black leather skull, peak and chinstrap. Greyed white metal Line Eagle badge. Black and white cockade. Red/white/black rosettes at sides. Stamped inside "Gustav Reinhard, Berlin 1916" (Mfr.). Accession #977.1.7. Donor, Mr. M. Chase.

Shako de jaeger

Shako de soldat d'un régiment de jagers allemands (prussiens), 1916, rapporté comme souvenir par M. Monte Chase du 26e bataillon des Forces expéditionaires canadiennes.
Calotte, visière et mentonnière en cuir noir. Insigne pour régiments de ligne en métal blanc engrisaillé. Cocarde noire et blanche. Rosettes rouges/blanches/noires. "Gustav Reinhart, Berlin 1916" (Mfr.) est estampillé à l'intérieur. No matricule 977.1.7. Donateur: M. M. Chase.

Badges of Rank & Regiment

Insignes de grades et de Régiments

Saint John City Light Infantry (Irish Royals), Light Company officer's wing. Gilt with silver stringed bugle. See color plate on cover for full uniform.

Nid d'hirondelles d'officiers de la compagnie légère Saint John City Light Infantry (Irish Royals). Ensemble doré avec clairon et cordon en argent. Voir la planche en couleurs de la couverture, pour l'uniforme au complet.

Officer's Shoulder Belt Plates
Plaques de baudrier pour officiers

King's New Brunswick Provincials, gilt brass. Unit raised as the King's N.B. Regt. in 1793, disbanded 1802. Raised again in 1803 as the N.B. Fencibles. Accession #10613. Donor, Miss Fairweather.

*Plaque en laiton doré des **King's New Brunswick Provincials**. Unité levée comme le King's N.B. Regt. en 1793, licenciée en 1802; recrutée à nouveau en 1803 et nommée N.B. Fencibles. No matricule 10613. Donatrice: Mlle Fairweather.*

Sunbury County Militia, brass plate worn by James Skidmore Brown, c. 1812. Accession #55.1. Donor, Miss Mary Tapley.

*Plaque en laiton de la **Sunbury County Militia**, portée par James Skidmore Brown, c. 1812. No matricule 55.1. Donatrice: Mlle Mary Tapley.*

104th Regiment of Foot, silver plate worn by Lieut. William B. Phair. Hallmarked 1811-12. In 1810 the N.B. Regt. of Fencible Infantry was gazetted as the 104th Regt. of Foot in the British Army. Served throughout the War of 1812, taking part in the celebrated march from Fredericton to Quebec in the winter of 1813. William Barry Phair, born 1783 at Staten Island, son of Loyalist Andrew Phair (Adjutant of the American Legion). Ensign, King's N.B. Provincials, 1800. Ensign, N.B. Fencibles, 1803. Lieutenant, West Indies Regt., 1810. Transferred to the 104th, 1811. Took part in the march to Quebec, the storming of Fort Erie and the fighting at Sackett's Harbour and Lundy's Lane. Retired to Kingsclear, N.B., 1817. Postmaster at Fredericton, 1825. Died, 1853. Accession #55.5. Donor, Miss Dorothy Lee.

*Plaque argentée du **104th Regiment of Foot,** portée par le lieutenant William B. Phair. Poinçonnée 1811-12. En 1810 le N.B. Regt. of Fencible Infantry devint officiellement le 104th Regt. of Foot de l'armée britannique. Il combattit durant toute la guerre de 1812, prenant part à la célèbre marche de 1813. William Barry Phair, né en 1783 à Staten Island, fils du loyaliste Andrew Phair (adjudant de la légion américaine). Porte-drapeau des King's N.B. Provincials, 1800. Porte-drapeau des N.B. Fencibles, 1803. Lieutenant d'un régiment des Indes occidentales, 1810. Muté au 104th, 1811. Il prit part à la marche sur Québec, à l'assaut du fort Erie et aux combats de Sackett's Harbour et de Lundy's Lane. Se retira à Kingsclear, N.-B., 1817. Maître de postes à Fréodericton, 1825. Mort, 1853. No matricule 55.5. Donatrice: Mlle Dorothy Lee.*

Officer's Shoulder Belt Plates
Plaques de bandrier pour officiers

New Brunswick Regiment of Fencible Infantry 1803-10. Silver. Unit raised in part from the disbanded Provincials in 1803, became the 104th Regt. of Foot, a unit of the British Army in 1810. Accession #61.23. Donor, Mrs. H. P. Moulton.

*Plaque argentée du **New Brunswick Regiment of Fencible Infantry**, 1803-10.*
Unité levée en 1803 en partie à partir des Provincials licenciés un an plus tôt; devint en 1810 le 104th Regiment of Foot, un régiment de l'armée britannique. No matricule 61.23. Donatrice: Mme H. P. Moulton.

Artillery Company, Saint John City Militia, gilt plate worn by Lieutenant Benjamin Lester Peters, 1847-55.
Thunderbolt differentiates artillery from infantry. (For comparison see infantry uniform on p. 33). B. L. Peters, Barrister and Judge of the Saint John County Court. Lieut., 1847. Transferred to the N.B. Regt. of Artillery, 1861 as Capt. & C.O. of ''Captain Peter's Battery'', a notably efficient unit. Provincial ADC, 1864. Brevet Lt.-Col., 1866. b. 1827, d. 1894. Accession #52.30. Donor, Mrs. H. A. Marvin.

*Plaque dorée de la **compagnie d'artillerie, Saint John City Militia**, portée par le lieutenant Benjamin Lester Peters, 1847-55.*
Le bâton ailé différencie l'artillerie et l'infanterie. (Pour comparer, voir la plaque d'infanterie p. 33). B. L. Peters, avocat et juge de la cour du comté de Saint-Jean. Lieut., 1847. Muté au N.B. Regt. of Artillery en 1861 comme capitaine et chef de corps de la ''Captain Peter's Battery'', une unité très efficace. ADC provincial, 1864. Lt.-col. breveté, 1866. Né, 1827; mort, 1894. No matricule 52.30. Donatrice: Mme H. A. Marvin.

1st Battalion, Kings County Militia. Silver plate worn by David Brown Wetmore when serving with this unit. He was first commissioned, 1787. Accession #21020. Donor, Mrs. R. E. H. Austin.

*Plaque argentée du **1er bataillon, Kings County Militia**, portée par David Brown Wetmore lorsqu'il faisait partie de cette unité. Il devint officier en 1787.*
No matricule 21020. Donatrice: Mme R. E. H. Austin.

Officer's Shoulder Boards

Shoulder boards were worn in undress uniform on the frock coat and carried rank insignia. They were of the same construction as epaulettes but without the bullion fringe. Discontinued, 1855.

Contre-épaulettes cartonnées, pour officiers

Les contre-épaulettes cartonnées étaient portées avec l'uniforme de service telle la redingote et étaient ornées du signe distinctif de grade. Elles étaient faites comme les épaulettes mais dépourvues de franges. Abandonnées en 1855.

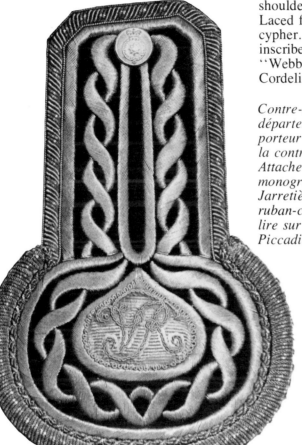

Commissariat Staff, c. 1840, a Civil Department, the wearer's rank was indicated by the arrangement of buttons on the frock coat, the shoulder board being the same for all ranks.
Laced fastenings. Black velvet with gold embroidery and ''V R'' cypher. Gilt button, Garter star surmounted by a crown, riband inscribed, ''Commissariat Staff''. Maker's paper label reads, ''Webb & Sons, 48 Piccadilly''. Accession #47.41. Donor, Cordelia E. Christian.

*Contre-épaulette cartonnée du **Commissariat Staff,** c. 1840, un département civil de l'armée chargé de l'intendance. Le grade du porteur était indiqué par l'arrangement des boutons sur la redingote, la contre-épaulette cartonnée étant du même modèle pour tous. Attache à lacet. Velours noir avec broderie de fils d'or et monogramme ''V R''. Bouton doré avec étoile de l'Ordre de la Jarretière surmontée d'une couronne, les deux entourées d'un ruban-ceinture sur lequel est inscrit ''Commissariat Staff''. On peut lire sur l'étiquette en papier du fabricant: ''Webb & Sons, 48 Piccadilly''. No matricule 47.41. Donatrice: Cordelia E. Christian.*

1st Battalion York County Militia. Worn by Major James S. Beek, c. 1848.
Laced fastenings. Dark blue cloth, gold lace and metal crescent. No button. Silver and gold embroidered Bath star (major's insignia). Accession #99.20. Donor, Mrs. Wm. Raymond.

*Contre-épaulette cartonnée du **1er bataillon, York County Militia,** portée par le commandant James S. Beek, c. 1848. Attache à lacet. Drap bleu foncé, galon de fils d'or et croissant en métal. Sans boutons. Etoile de l'Ordre du Bain (insigne de commandant) brodée or et argent. No matricule 99.20. Donatrice: Mme Wm. Raymond.*

Officer's Shoulder Boards and Scales

Contre-épaulette cartonnée et contre-épaulette à écailles, pour officiers

Saint John County Militia. Worn by Major E. L. Jarvis, when an officer of the unit, 1845. Dark blue cloth with gold lace and crescent, embroidered Bath star (major's insignia). Silver stringed bugle. Gilt button with crown at center with ''Saint John County Militia'' around. Laced fastenings. Accession #992. Donor, Mrs. C. E. L. Jarvis.

*Contre-épaulette cartonnée de la **Saint John County Militia**, portée par le commandant E. L. Jarvis, lorsqu'il était officier de l'unité, 1845. Drap bleu foncé avec galon et croissant dorés, étoile de l'Ordre du Bain (insigne de commandant) brodée. Clairon et cordon en argent. Bouton doré avec couronne au centre et inscription ''Saint John County Militia'' autour. Attache à lacet. No matricule 992. Donatrice: Mme C. E. L. Jarvis.*

N.B. Artillery. Gilt brass scale with laced fastenings. Silver badge; crown at top. Riband inscribed ''Ubique'' surrounds 3 cannon. Gilt button with device of 3 cannon under a crown; ''Ubique'' below, scalloped surround. This pattern of scale was in use in the artillery, 1838-54.
Worn by Lieutenant Charles J. Melick, Colville Company, 1838-43.
C. J. Melick, 2nd Lieut., Portland Co., 1833. Lieut., Colville Co., 1839. Capt. & C.O., 1843. Major, 1859. Bevet Lt.-Col., 1866. Retired, 1871. Accession #6614. Donor, Miss Annie Melick.

*Contre-épaulette à écailles en laiton doré avec attache à lacet de la **N.B. Artillery**. Insigne en argent surmonté d'une couronne. Au centre, 3 canons entourés d'un ruban-ceinture sur lequel est inscrit ''Ubique''. Bouton doré avec dessin de 3 canons sous couronne; ''Ubique'' dessous; bordure festonnée. Ce modèle de contre-épaulette était en usage dans l'artillerie de 1838-54. Portée par le lieutenant Charles J. Melick, de la compagnie de Colville, 1838-43.*
C. J. Melick, 2e lieut., cie de Portland, 1833. Lieut., cie de Colville, 1839. Capt. et chef de corps, 1843. Commandant, 1859. Lieut.-col. breveté, 1866. Retraité, 1871. No matricule 6614. Donatrice: Mlle Annie Melick.

Shako Plates and Badges
Plaques de Shako et insigne

City Guards, St. John Volunteer Battalion, 1863. Officer's silver pouch belt badge.
Accession #18191. Donor, H. W. Frink.

Insigne de porte-giberne en argent pour officiers des City Guards, Saint John Volunteer Battalion, 1863.
No matricule 28191. Donateur: H. W. Frink.

71st York Volunteer Battalion. Other rank's brass shako plate.
Accession #X7012. Donor unknown.

Plaque de shako en laiton pour les soldats du 71st York Volunteer Battalion.
No matricule X7012. Donateur inconnu.

100th Prince of Wales Royal Canadian Regiment. Officer's shako plate, gilt with silver feathers. Pattern in use, 1861-69.
Accession #X7011. Donor unknown.

Plaque dorée de shako avec plumet argenté, du 100th Prince of Wales Royal Canadian Regiment. Modèle en usage de 1861 à 1869.
No matricule X7011. Donateur inconnu.

Shako Plates and Badges
Plaques de shako et insigne

Irish Royals, Saint John City Light Infantry. Other ranks brass shako place, c. 1848.
Accession #X7008. Donor unknown.

*Plaque de shako en laiton pour les soldats des **Irish Royals, Saint John City Light Infantry**, c. 1848.*
No matricule X7008. Donateur inconnu.

3rd Battalion Saint John Militia. Officer's gilt shako plate, c. 1845.
Accession #X7007. Donor unknown.

*Plaque dorée de shako pour officiers du **3e bataillon, Saint John Militia**, c. 1845.*
No matricule X7007. Donateur inconnu.

1st Battalion Saint John City Militia. Officer's gilt shako plate, c. 1845.
Accession #X7009. Donor unknown.

*Plaque dorée de shako pour officiers du **1er bataillon, Saint John City Militia**, c. 1845.*
No matricule X7009. Donateur inconnu.

Sources

The uniforms themselves form the main source of information, in addition the following have been consulted and form a useful body of data for further reading.

BAXTER, J. B. M. "Historical Records of the New Brunswick Regiment of Canadian Artillery". Sun Printing Co., Saint John, 1896.

BOWLING, A. H. "British Infantry Regiments 1660-1914". London. Almark Publishing Co., 1970.

CAMPBELL, D. Alastair, "The Dress of the Royal Artillery". London. Arms & Armour Press, 1971.

CARMAN, W. Y. "British Military Uniforms from Contemporary Pictures". Leonard Hill (Books) Ltd., London, 1957.

CATTLEY, Alex. R. "The British Infantry Shako" Journal for Army Historical Research, Vol. XV.

DORNBUSCH, C. E. "The Canadian Army 1855-1965", Cornwallville, N.Y. Hope Farm Press, 1966.

HOLDING, T. H. "Uniforms of British Army, Navy & Court". London. Facsimilie Edition, Frederick Mueller Ltd., 1969. Originally published 1894.

HOW, Douglas. "The 8th Hussars, a history of the Regiment". Sussex, N.B. Maritime Publishing Co., 1964.

HOWE, Jonas. "The King's New Brunswick Regiment 1793-1802". Collections of the N.B. Historical Society, Vol. 1, 1894.

JARRETT, Dudley. "British Naval Dress". London. Dent & Sons, 1960.

McKENZIE, Capt. Thomas. "My Life as a Soldier", J. & A. McMillan, Saint John, N.B., 1898.

MORTON, Desmond. "Ministers & Generals". Toronto. University of Toronto Press, 1970.

MORTON, Desmond. "The Canadian General, Sir William Otter". Toronto, A. M. Hakkert Ltd. & Ottawa, Canadian War Museum, 1974.

MUIR, J. Lloyd. "The New Brunswick Militia 1787-1867", Article, History Bulletin of the N.B. Museum, Spring 1963.

NEW BRUNSWICK MUSEUM ARCHIVES — Documents, muster rolls, journals, etc.

QUEEN'S PRINTER. "Dress Regulations 1900". London, Arms & Armour Press, 1969. (Facsimilie edition).

QUEEN'S PRINTER. "Dress Regulations for the Officers of the Army". London. War Office 1883.

QUEEN'S PRINTER. "Dress Regulations for the Officers of the Army". London. War Office 1874.

QUEEN'S PRINTER. "Dress Regulations 1846". London. Arms & Armour Press. 1971. (Facsimilie edition).

QUEEN'S PRINTER. "Report on the Militia of the Province of New Brunswick for 1867". Fredericton, 1868.

ROSS, David & CHARTRAND, Rene. "Cataloguing Military Uniforms". N.B. Museum, Saint John and Canadian Museums Association, Ottawa, 1977.

ROSS, David & CHARTRAND, Rene. "Dress Regulations of the Canadian Militia: With amendments to 1914". N.B. Museum, Saint John, 1977.

SQUIRES, AUSTIN W. "The 104th Regiment of Foot, 1803-17". Brunswick Press, Fredericton, 1962.

STURDEE, EDWARD THANKFUL. "Historical Record of the 62nd Saint John Fusiliers". Saint John, N.B., J. & A. McMillan, 1888.

TRENDELL, HERBERT A. P. "Dress Worn at Court", London. Harrison & Sons, 1908.

Sources de renseignements

Les uniformes eux-mêmes constituent la principale source d'information. Par ailleurs, les oeuvres suivantes ont été consultées. Elles renferment une masse de donnés très utiles pour ceux qui veulent s'informer davantage.

BAXTER, J. B. M. "Historical Records of the New Brunswick Regiment of Canadian Artillery". Sun Printing Co., Saint-Jean, 1896.

BOWLING, A. H. "British Infantry Regiments 1660-1914". Londres. Almark Publishing Co., 1970.

CAMPBELL, D. Alastair, "The Dress of the Royal Artillery". Londres. Arms & Armour Press, 1971.

CARMAN, W. Y. "British Military Uniforms from Contemporary Pictures". Leonard Hill (Books) Ltd., Londres, 1957.

CATTLEY, Alex. R. "The British Infantry Shako" Journal de recherche historique sur l'armée, Vol. XV.

DORNBUSCH, C. E. "The Canadian Army 1855-1965", Cornwallville, N.Y. Hope Farm Press, 1966.

HOLDING, T. H. "Uniforms of British Army, Navy & Court". Londres. Edition en fac-similé. Frederick Mueller Ltd., 1969. Publication originale, 1894.

HOW, Douglas. "The 8th Hussars, a history of the Regiment". Sussex, N.-B. Maritime Publishing Co., 1864.

HOWE, Jonas. "The King's New Brunswick Regiment 1793-1802". Collections de la Société Historique du N.-B., Vol. 1, 1894.

JARRETT, Dudley. "British Naval Dress". Londres. Dent & Sons, 1960.

MAY, Commander W. E. "The Dress of Naval Officers". Londres. H.M.S.O., 1966.

McKENZIE, Capt. Thomas. "My Life as a Soldier", J. & A. McMillan, Saint-Jean, N.-B., 1898.

MORTON, Desmond. "Ministers & Generals". Toronto. University of Toronto Press, 1970.

MORTON, Desmond. "The Canadian General, Sir William Otter". Toronto, A. M. Hakkert Ltd. & Ottawa, Le Musée canadien de la guerre, 1974.

MUIR, J. Lloyd. "The New Brunswick Militia 1787-1867". Article, History Bulletin of the N.B. Museum, Spring 1963.

ARCHIVES DU MUSEE DU NOUVEAU-BRUNSWICK — Documents, feuilles d'appel, journaux particuliers, etc.

QUEEN'S PRINTER. "Dress Regulations 1900". Londres, Arms & Armour Press, 1969. (Edition en fac-similé).

QUEEN'S PRINTER. "Dress Regulations for the Officiers of the Army". Londres. Le Ministère de la guerre, 1883.

QUEEN'S PRINTER. "Dress Regulations for the Officiers of the Army". Londres. Le Ministère de la guerre, 1874.

QUEEN'S PRINTER. "Dress Regulations 1846". Londres. Arms & Armour Press, 1971. (Edition en fac-similé).

QUEEN'S PRINTER. "Report on the Militia of the Province of New Brunswick for 1867". Frédericton, 1868.

ROSS, David & CHARTRAND, René. "Cataloguing Military Uniforms". Le Musée du N.-B., Saint-Jean et l'Association des musées canadiens, Ottawa, 1977.

ROSS, David & CHARTRAND, René. "Dress Regulations of the Canadian Militia: With amendments to 1914". Le Musée du N.-B., Saint-Jean, 1977.

SQUIRES, Austin W. "The 104th Regiment of Foot, 1803-17". Brunswick Press, Frédericton, 1962.

STURDEE, Edwoard Thankful. "Historical Record of the 62nd Saint John Fusiliers". Saint-Jean, N.-B., J. & A., 1888.

TRENDELL, Herbert A. P. "Dress Worn at Court", Londres. Harrison & Sons, 1908.

THE NEW BRUNSWICK MUSEUM COLLECTIONS SERIES
COLLECTION DE LA SÉRIE MUSÉE DU NOUVEAU-BRUNSWICK

General Editor: A. Gregg Finley, Curator of Canadian History
Directeur général: A. Gregg Finley, conservateur en Histoire canadienne

This series was prepared with the cooperation & financial support of the MacDonald-Stewart Foundation of Montreal.

"The Loyalists" by A. Gregg Finley 1975. 64pp. Halftone illustrations & 12 colour plates. Relics of the United Empire Loyalists who came to New Brunswick after the American Revolution.

"Heritage Furniture — Le Mobilier Traditionnel" by A. Gregg Finley. 1976, French & English text. 63 pp. Halftone illustrations. 16 colour plates. Furniture of New Brunswick.

"Women's Attire — Les Vetements Feminin" by Valerie Simpson. 1977. French & English text. 64 pp. Halftone illustrations & 16 colour plates. Female clothing.

"Traditions Decorative Micmac & Maliseet Decorative Traditions" by Gaby Pelletier. 1978. 63 pp. Halftone illustrations & 9 colour plates. The artistic & cultural heritage of the native peoples of New Brunswick.

"Military Uniforms — Uniformes Militaire" by David Ross. 1980. French & English text. 87 pp. 7 colour plates, 128 halftone illustrations.

La présente série a été préparée grâce à l'aimable collaboration et au soutien financier de la Fondation MacDonald-Stewart de Montréal.

"The Loyalists" *par A. Gregg Finley, 1975. 64 pp. Similigravures et 12 planches en couleurs. Souvenirs des Loyalistes de l'Empire-Uni qui vinrent au Nouveau-Brunswick après la Révolution américaine.*

"Heritage Furniture — Le Mobilier Traditionnel" *par A. Gregg Finley, 1976. Texte français et anglais. 63 pp. Similigravures et 16 planches en couleurs. Meubles du Nouveau-Brunswick.*

"Women's Attire — Les Vêtements Féminin" *par Valerie Simpson, 1977. Texte français et anglais. 64 pp. Similigravures et 16 planches en couleurs. Vêtements féminins.*

"Traditions Décoratives MICMAC & MALISSEET Decorative Traditions" *par Gaby Pelletier, 1978. 63 pp. Similigravures et 9 planches en couleurs. Le patrimoine artistique et culturel des aborigènes du Nouveau-Brunswick.*

"Military Uniforms — Uniformes militaires" *par David Ross, 1980. Texte français et anglais. 87 pp. 7 planches en couleurs et 128 similigravures.*

OTHER TITLES

"Canadian Militia Dress Regulations, 1907. With added illustrations & the principal amendments to 1914" by David Ross & Rene Chartrand.

"Cataloguing Military Uniforms" by David Ross & Rene Chartrand. Cataloguing guide with illustrated glossary of terms. Designed for the museum worker but of value to the student & collector. Reprinted from the Canadian Museums Association Gazette.

AUTRES OUVRAGES

"Canadian Militia Dress Regulations, 1907." *Avec illustrations supplémentaires et principaux amendements allant jusqu'à l'année 1914. Par David Ross et René Chartrand.*

"Cataloguing Military Uniforms" *par David Ross et René Chartrand. Guide de cataloguage avec glossaire illustré. Destiné au personnel de musées bien qu'également utile aux étudiants et aux collectionneurs. Ouvrage d'abord paru dans la Gazette de l'Association des musées canadiens.*